Hamburger Abendblatt edition

KOCHEN SIE

UNSERE LIEBLINGSREZEPTE

NORDDEUTSCH?

FÜR LECKERE NORDDEUTSCHE GERICHTE

Die besten regionalen Spezialitäten – empfohlen von den Lesern des Hamburger Abendblattes, zubereitet und erklärt von Spitzenkoch Heinz O. Wehmann.

KOCHEN SIE NORDDEUTSCH? UNSERE LIEBLINGSREZEPTE

Manche mögen's heiß. Köche wie Heinz O. Wehmann zum Beispiel. Wer einmal in seine Küchen blicken darf, weiß, warum. Der Patron des Landhauses Scherrer rotiert, bestens gelaunt, zwischen kochenden Töpfen und glühenden Herdplatten. Er wirft Gemüse und Obst durch die Luft („es heißt ja auch Flugmango") und richtet anschließend eine rote Grütze an: „So muss das aussehen. Wie eine große Portion Liebe." Der 55-Jährige fegt mit einer Geschwindigkeit durch die Gegend, als wollte er Bibi Blocksberg Konkurrenz machen. Mit Hexerei haben seine Künste allerdings nicht nichts zu tun, sondern mit langjähriger Erfahrung. 39 Jahre arbeitet er schon als Koch. Zunächst im Hotel Atlantic und seit 1980 im Landhaus, das Wehmann nach gut einem Jahr schon zu seinem ersten Michelin-Stern führte. Im Sommer 2010 feierte er sein 30-jähriges Dienstjubiläum in seinem Reich an der Elbchaussee.

In diesem Buch stellt der Starkoch in Zusammenarbeit mit der Redaktion und den Lesern des Hamburger Abendblattes die besten regionalen Gerichte vor und erklärt sie ganz einfach zum Nachkochen. Wer nämlich denkt, Hamburg hätte als kulinarische Klassiker nur süße Franzbrötchen,

warme Rundstücke und das alte Seefahrergericht Labskaus zu bieten, täuscht sich gewaltig. Die frische Brise sorgte hier schon immer für einen guten Appetit und ist einer der Gründe, warum die Norddeutschen zu echten Gourmets und Kochkünstlern wurden. In den großbürgerlichen Häusern der reichen Kaufmannsstadt gab es früher sogar zwei Küchen: eine Prunkküche, in der das gute Geschirr präsentiert wurde, und eine richtige Küche, in der tatsächlich gearbeitet wurde.

Die Hauptrolle bei den regionalen Spezialitäten spielen, bedingt durch die maritime Lage und den ehemaligen Fischreichtum der Elbe, natürlich Fischgerichte. Lange Zeit waren die Fischerei und die Landwirtschaft die einzige Lebensgrundlage und prägten die bodenständige Küche. Doch aufgrund des Hafens kamen ab dem 16. Jahrhundert auch viele exotische Gewürze aus Indien und Südamerika in den heimischen Kochtopf. In Kombination mit Gemüse aus den Vierlanden und Obst aus dem Alten Land ergab sich eine Küche, die wesentlich vielfältiger ist als ihr Renommee. „Die norddeutschen Speisen sind so hervorragend wie ihre Produkte, die Leute kennen sie nur nicht mehr“, sagt Heinz O. Wehmann. Oder können Sie genau erklären, wie man Schwarzsauer zubereitet? Oder was sich hinter Mockturtle, dem Großen Hans oder Stubenküken verbirgt? Nein, mit Schildkröten, blonden Jünglingen und Haustieren hat das nichts zu tun.

Damit die alten Rezepte nicht in Vergessenheit geraten, hat die Redaktion des Hamburger Abendblattes seine Leser nach traditionellen Lieblingsgerichten gefragt und die eingesendeten Rezepte von Heinz O. Wehmann modern interpretieren lassen. So entstand erst eine Zeitungsserie und nun dieses regionale Standardwerk zum Anbeißen, das die Zubereitung von Vorspeisen, Hauptgerichten und Desserts Schritt für Schritt erklärt. Jetzt kann jedes Zuhause zur Sterneküche werden.

„Kochen ist eine Kultur, die man nicht vernachlässigen darf“, sagt Maestro Wehmann und dirigiert mit seinem Schneebesen die Küchenmannschaft. „Mit diesem Buch werden wir beweisen, dass die norddeutsche Küche große Klasse hat, die Applaus verdient.“

Und anders als ein Konzert oder eine Theatervorstellung sind die Gerichte mit Geschichte nicht nur unterhaltsam, sie machen sogar satt.

INHALT

Alle Rezepte sind für vier Personen berechnet. Guten Appetit!

VORSPEISEN

FISCH

FLEISCH

GEFLÜGEL

VEGETARISCH

DESSERT

GRUNDREZEPTE

Vörweg

VORSPEISEN

Diese Speise ist auch als „Halligbrot" bekannt, nach den kleinen Inseln im nordfriesischen Wattenmeer, den Halligen.

GRANATSCHNITTE

Granatschnitte

20 g frischer Dill

400 g Büsumer Krabben

weißer Pfeffer aus der Mühle

4 Scheiben dunkles Vollkornbrot

60 g Butter

Rührei

1 mittelgroße Schalotte (ca. 40 g)

4 Eier

160 ml Sahne

Salz und weißer Pfeffer aus der Mühle

30 g Butter

Granatschnitte

Einige Dillspitzen für die Garnitur zupfen und beiseitelegen, das restliche Kraut fein schneiden. Den Dill unter die Krabben rühren, mit etwas Pfeffer würzen. Die Vollkornbrotscheiben großzügig mit Butter bestreichen.

Die Schalotten schälen und in feine Würfel schneiden. Die Eier aufschlagen, mit der Sahne verrühren und mit Salz und Pfeffer würzen. Die Butter in einer Pfanne erhitzen, die Schalottenwürfel bei mittlerer Hitze anschwitzen, ohne dass sie Farbe annehmen. Das Ei zugeben und kurz anstocken lassen, dann die Masse vorsichtig vom Rand zur Mitte der Pfanne schieben, bis das Ei gar ist.

Anrichten

Das Rührei auf die vier Brote häufen, die Krabben darüber verteilen und mit Dill garnieren. Sofort servieren. Die Krabben sollten nicht zu warm werden.

Zubereitungstipps

- Braten Sie die Rühreier in zwei Durchgängen. Wenn die Pfanne zu voll ist, dauert das Stocken zu lange und die Eier setzen an. Das Rührei wird dann krümelig und nicht saftig.
- Dill grundsätzlich nicht hacken. Er kann dadurch bitter werden.

Einkaufstipp

Wenn Sie Krabben kaufen möchten, die nicht bereits eine Weltreise hinter sich haben, fragen Sie den Fischhändler Ihres Vertrauens, ob er in Deutschland gepulte Krabben hat. Und kaufen Sie keine konservierten Krabben! Die sind geschmacklich mit frischen Krabben nicht zu vergleichen.

DIESES KRABBENBROT IST EINE GRANATE

Bezeichnungen für Krustentiere gibt es wie Sand am Meer: Krabben, Garnelen, Shrimps, Scampi – da gerät oft einiges durcheinander. Selbst die beliebte Nordseegarnele hat mehrere Namen: Sie wird auch Nordseekrabbe, Graue Krabbe oder oft einfach nur Krabbe genannt, obwohl sie streng genommen gar keine ist. Krabben sind Kurzschwanzkrebse, und Garnelen zählen zu den Langschwanzkrebsen. Der Name hat sich aber eingebürgert, und selbst im Verzeichnis der Handelsbezeichnungen bedeuten Nordseekrabbe, Nordseegarnele und Granat, wie die Tiere übrigens in Friesland heißen, dasselbe. Gemeint sind in jedem Fall kleine Zehnfußkrebse, lateinisch „Crangon crangon". Sie werden etwa fünf bis sieben Zentimeter groß und leben in der Nordsee an den Küsten vor Holland, Deutschland und Dänemark, wo sie mit speziellen Kuttern gefangen werden.

Früher war das Krabbenpulen eine aufwendige Arbeit, an der sich die gesamte Familie beteiligte. Heute wird das in fernen Ländern erledigt, etwa in Marokko, bevor sie zurück nach Europa kommen. Aber noch immer sind Krabben das kulinarische Symbol der Nordseeküste. Die Friesen essen sie in Suppen und Ragouts, in Salaten oder als Frikadelle und besonders gern auf Brot und mit Ei, schlicht und nahrhaft. Davon leitet sich der Name für dieses Gericht ab: Schnitte ist norddeutsch und bedeutet eine Scheibe Brot. Eine Granatschnitte ist somit ein Krabbenbrot, das traditionell mit Rührei serviert wird. Diese Speise ist auch als „Halligbrot" bekannt, nach den kleinen Inseln im nordfriesischen Wattenmeer, den Halligen. Das Rezept ist ähnlich: Auf eine gebutterte Scheibe Schwarzbrot häuft man einen Berg Nordseekrabben und garniert sie mit ein oder zwei Spiegeleiern, als Variante auch mit Rührei.

Bleibt die Frage, warum die Krabben in Friesland überhaupt Granat genannt werden. Der Autor Jan Schmietwech hat sich eine hübsche Anekdote dazu überlegt, nachzulesen in seinen „Hafengeschichten“: Anfang des 18. Jahrhunderts sollte ein Schiff am Fischereihafen des späteren Bremerhaven anlegen. Der Kapitän aber wollte oder konnte die anfallenden Gebühren nicht zahlen. Also bot er dem äußerst kurzsichtigen Hafenmeister Edelsteine – Granat – als Gegenleistung ein. Der willigte nach einigem Zögern ein – und erhielt drei dicke, rote, gekochte Krabben. Das ist natürlich nur Seemannsgarn, sicher, aber eines stimmt wirklich: Kostbar sind sie, die Krabben.

Da eine Hochzeitssuppe sehr aufwendig ist, bietet es sich an, die Arbeit auf zwei Tage zu verteilen.

VIERLÄNDER HOCHZEITSSUPPE

Huhn

1 kg Suppenhuhn- oder Poulardenteile (evtl. nur Keulen)

Salz

150 g Suppengemüse (Sellerie, Lauch, Möhren, Petersilienwurzel)

1/4 Bund glatte Petersilie (25–30 g)

10 weiße Pfefferkörner

5 Wacholderbeeren

1 Lorbeerblatt

Nudeln und Gemüse

80 g Kohlrabi, geputzt

80 g Wurzeln, geputzt

80 g grüne Erbsen

100 g Spargel grün oder weiß, geputzt

100 g Blumenkohl, geputzt

Salz

100 g frische Radiatori-Nudeln (oder andere kleine Nudeln nach Belieben)

Eierstich

2 Eier (à ca. 50 g)

50 ml Milch

60 ml Sahne

frische Muskatnuss

Salz und weißer Pfeffer aus der Mühle

Kalbfleischklößchen

15 g getrocknete Brötchen

50 ml Sahne

1/2 Zwiebel (ca. 30 g)

125 g Kalbshackfleisch

15 g Champignons

25 g Butter

5 g glatte Petersilie

1 Msp. Paprika edelsüß

1 Ei

3 g Salz und weißer Pfeffer aus der Mühle

Garnitur

Schnittlauchröllchen

Suppe

Für den Grundfond der Suppe die Suppenhuhn- oder Poulardenteile vorab in vier Teile zerlegen oder den Schlachter bitten, dies zu tun. Die Geflügelteile gut abwaschen und in einem schmalen, hohen Topf mit etwa 2,5 l kaltem Wasser aufkochen. Schaum und sich absetzendes Fett mit einer kleinen Kelle abschöpfen, dann erst salzen und zugedeckt bei mittlerer bis schwacher Hitze etwa 45 Minuten köcheln lassen. Zwischendurch immer wieder Schaum und Fett abschöpfen.

In der Zwischenzeit das Suppengemüse waschen, putzen oder schälen und in mittelgroße Stücke schneiden. Die Petersilie waschen und trocken tupfen, die Blätter abzupfen. Die Stängel zusammen mit den Pfefferkörnern, den Wacholderbeeren und dem Lorbeerblatt in einen Teebeutel füllen und verschließen.

Nach 45 Minuten das Suppengemüse und das Kräutersäckchen zugeben, den Deckel wieder auflegen und den Fond mindestens eine weitere Stunde kochen. Dann das Geflügelfleisch herausnehmen und vom Knochen ablösen. Den Fond durch ein Passiertuch oder ein sehr feines Sieb geben und warm stellen. Dieser Fond lässt sich gut am Vortag zubereiten.

Eierstich

Die Eier mit der Milch und der Sahne verrühren. Mit Muskatnuss, Salz und Pfeffer würzen, in eine Terrinen- oder Timbaleform geben und im Wasserbad unter dem Siedepunkt (ca. 85 °C) gar ziehen lassen, bis das Ei gestockt ist. Die Masse (evtl. über Nacht) abkühlen lassen, aus der Form lösen und in die gewünschte Form schneiden oder stechen, etwa in Rauten, Kreise oder Herzen. »

Kalbfleischklößchen

Die getrockneten Brötchen in der Sahne einweichen. Die Zwiebeln schälen, die Champignons trocken abreiben und putzen. Beides in feine Scheiben schneiden. Die Petersilie waschen, trocken tupfen und grob hacken. Die Butter in einer Pfanne erhitzen, die Zwiebeln und die Pilze darin andünsten und einige Minuten garen. Dann die Petersilie unterrühren und alles abkühlen lassen.

Die Brötchen- mit der Pilzmasse verrühren und mit Paprika, Salz und Pfeffer würzen. Alles durch die mittelfeine Scheibe des Fleischwolfes drehen oder sehr fein hacken. Das Hackfleisch und das Ei zugeben und alles gründlich, aber zügig miteinander vermengen und noch einmal mit Salz und Pfeffer würzen. Aus der Klößchenmasse mit einem Esslöffel Nocken abstechen, mit dem Zeigefinger über dem Handballen abstreifen und in nicht mehr kochendem Salzwasser (ca. 95 °C) etwa 3 bis 4 Minuten ziehen lassen. Dann warm stellen.

Nudeln und Gemüse

Einen Topf mit Salzwasser aufsetzen, die Nudeln darin gar kochen, abgießen, abschrecken und beiseitestellen. Das geputzte Gemüse in etwa gleich große Stücke schneiden. Die Suppe aufkochen. Ein Drittel davon in einen anderen Topf umfüllen. Darin das Gemüse nach und nach 4 bis 6 Minuten gar kochen: erst den Spargel und den Blumenkohl, dann die Erbsen, zuletzt den Kohlrabi und die Möhren.

Anrichten

Die Nudeln und die Kalbfleischklöße zu dem gegarten Gemüse geben und kurz erhitzen. Den kalten Eierstich in die vorgewärmten Teller legen, Gemüse, Nudeln und Klöße dazugeben und alles mit heißem Fond auffüllen. Zum Schluss mit den Schnittlauchröllchen bestreuen und servieren.

Zubereitungstipps

- Da eine Hochzeitssuppe sehr aufwendig ist, bietet es sich an, die Arbeit auf zwei Tage zu verteilen. Am Vortag können Sie den Fond kochen und den Eierstich vorbereiten. Der Eierstich lässt sich am Tag darauf besser schneiden und wird in der heißen Suppe schnell warm. Am zweiten Tag bleiben Ihnen nur noch die Kalbsklößchen, die Nudeln und das Gemüse. Das Gemüse sollte nicht zu lange warm gehalten werden, sonst verliert es an Farbe und an Biss.
- Entscheidend beim Fond ist es, ihn immer wieder mit einer Kelle abzuschäumen und zu entfetten. Dadurch bleibt er klar.

Einkaufstipps

- Kaufen Sie, wenn möglich, eine Poularde. Deren Fleisch ist zarter, hat eine kürzere Garzeit, und Sie können es als zusätzliche Einlage in die Suppe geben oder einen Geflügelsalat daraus zubereiten.
- Als schnelle Alternative zu den Klößchen können Sie eine rohe Kalbsfleischwurst nehmen und aus der Haut drücken. Das Fleischbrät lässt sich dann ebenfalls in Klößchen abstechen und gar ziehen.

AUF JEDEN TOPF PASST EIN DECKEL

Diese Suppe stammt aus dem Mittelalter, einer Zeit, in der klar geregelt war, welcher Stand welche Nahrungsmittel bekam. Für das Hochzeitsmahl gab es Bestimmungen, die festlegten, wie viele Gänge es umfassen und woraus ein Gang bestehen durfte. Ein reicher Schwabe, so heißt es, untergrub diese Regelung geschickt: Er servierte mehrere Speisen in einem Gang. Seine Suppe enthielt nicht eine Einlage, sondern mehrere. Es gab keinen Ärger, und der Brautvater war zufrieden, weil er durch das üppige Mahl auch zeigen konnte, wie wohlhabend er war.

Mit der Hochzeitssuppe waren einst bestimmte Rituale verbunden. Braut und Bräutigam teilten sich symbolisch einen Teller, denn von nun an löffelten sie die Suppe gemeinsam aus. Die Gäste beobachteten auch den Kampf der Brautleute um den ersten Löffel: Wer ihn für sich entscheiden konnte, so die Überlieferung, hatte zu Hause das Sagen. Wenn beide gleichzeitig anfingen zu essen, versprach die Ehe harmonisch zu werden. Diese Rituale sind inzwischen fast vergessen. Geblieben ist die Tradition der Hochzeitssuppe, die sich vor allem in Nord- und Süddeutschland verbreitet hat, mit einer kräftigen Hühner- oder Rinderbrühe als Basis und üppigen Einlagen. Je nach Region kam etwas anderes hinein: im Süden eher Grießnockerln oder Maultaschen, im Norden, wo man von jeher Zugang zu exotischen Zutaten hatte, Eierstich, Reis und Rosinen.

Vor 100 Jahren galt die Schildkrötensuppe als Delikatesse. Turtle ist das englische Wort für Schildkröte, und „to mock" heißt wohlwollend übersetzt nachahmen.

KLARE MOCKTURTLESUPPE MIT EINGELEGTEM KÜRBIS

Suppe

100 g Zwiebeln
2 Knoblauchzehen
240 g Suppengemüse (Sellerie, Lauch, Möhren)
20 g Kräuterstiele (Petersilie, Kerbel)
1 Gewürzsäckchen (siehe rechts)
100 g Kalbsbries
600 g Rinderhesse oder Kalbshaxe, in Scheiben geschnitten
200 g Kalbskopfstücke oder Kalbsfüße (Mittelstück)
Salz
20 g frische Pilzabschnitte oder Pilze
5 g getrocknete Herbsttrompeten
20 g Butter

Gewürzsäckchen

0,2 g Kreuzkümmel
0,1 g Nelken
0,5 g Pimentkörner
0,25 g Lorbeerblätter
0,3 g Wacholderbeeren
0,3 g Korianderkörner
0,3 g frisches Bohnenkraut
Schale von 1/8 Zitrone
0,1 g frischer Rosmarin
0,2 g schwarzer Pfeffer
0,3 g Madras Currypulver

Einlage

100 g sauer eingelegte Kürbisstücke (siehe Zubereitungstipps)
Fleischwürfel aus der Rinderhesse, Haxe oder dem Kalbskopf

Vorbereitung

Die Zwiebeln mit der Schale halbieren und in einer heißen Pfanne gut rösten. Das Gemüse und die Kräuterstiele waschen, das Gemüse putzen oder schälen und mit den Kräuterstielen zusammenbinden. Die Gewürze für das Gewürzsäckchen im Mörser fein stoßen, in einen Teebeutel füllen und mit einem Faden verschließen. Das Kalbsbries von der äußeren Haut und Sehnen befreien, anschließend in kaltes Wasser legen, bis der rote Fleischsaft herausgespült ist.

Suppe

Rinderhesse und Kalbskopf gründlich waschen und in etwa 1,5 l kaltem Wasser in einem schlanken, hohen Topf aufkochen. Schaum und Fett mit einer Kelle abschöpfen, Deckel aufsetzen und bei 76°C 2 Stunden köcheln lassen. Dann salzen und nochmals aufkochen. Hitze reduzieren und den Fond abgedeckt weitere 4 Stunden bei 76°C ziehen lassen, zwischendurch immer wieder Schaum und Fett abschöpfen. Nach insgesamt 6 Stunden das Gemüse und die Kräuterstiele, die Pilze, die gerösteten Zwiebelhälften und das Gewürzsäckchen zugeben.

Der Kalbskopf ist nach etwa 7 bis 8 Stunden gar. Aus dem Fond nehmen und in einer Schale mit einem Gewicht in Form drücken. Die Rinderhessen, bis zu 26 Stunden ganz langsam, ebenfalls bei 76 °C und abgedeckt, weiter garen. Dann herausnehmen, vom Knochen lösen und das schiere Fleisch in einer Schale ebenfalls mit einem Gewicht in Form drücken, damit man ihn später besser schneiden kann. Das Fleisch vom Kalbskopf und der Rinderhesse stürzen und in Würfel schneiden. Die Kürbisstücke ebenfalls in Würfel schneiden.

Den Fond durch ein Passiertuch gießen, damit er besonders klar wird. Falls keines vorliegt, ein Sieb mit einem feuchten Baumwolltuch auskleiden und den Fond durch dieses Sieb gießen. Zum Schluss noch einmal mit Salz und Pfeffer abschmecken.

Das Kalbsbries in kleine Röschen schneiden. Mit einem Tuch trocken tupfen und mit Salz und Pfeffer aus der Mühle würzen. Dann die Butter in einer Pfanne erhitzen, das Bries darin einige Minuten braten, bis es gar ist, und warm stellen.

Anrichten

Die Kürbisstücke und Fleischwürfel von Kalbskopf und Rinderhesse sowie die gebratenen Kalbsbriesröschen in vorgewärmte Teller füllen. Die heiße Mockturtlesuppe einfüllen und servieren.

SCHILDKRÖTEN ZUM NACHÄFFEN

Heute dürfte es schwierig sein, in Deutschland eine echte Schildkrötensuppe zu bekommen. Meeresschildkröten sind tabu auf dem Teller. Sie stehen unter Artenschutz und dürfen seit 1984 als Lebensmittel gar nicht mehr importiert werden. Vermutlich vermisst sie auch niemand, im Gegenteil.

Noch vor 100 Jahren war das anders. In besseren Kreisen galt die Schildkrötensuppe als Delikatesse – ein Ruf, den das Gericht dem aufsteigenden Bürgertum des 18. Jahrhunderts zu verdanken hatte. Damals richtete man sie in Tassen an, also in Trinkgefäßen, in denen auch Kaffee, Tee oder Schokolade serviert wurde, offenbar um zu betonen, dass diese Speise ebenso exotisch war wie die sonst darin gereichten Getränke. Dabei war eine solche Suppe auch damals gar nicht so außergewöhnlich. Bereits in der Antike galt das Fleisch der Meeresschildkröte als Arznei, und ab dem 16. Jahrhundert aß man sie – sehr dünn zwar, aber immerhin – als Fastenspeise. Das Tier lebte im Wasser und galt somit als Fisch.

Mitte des 18. Jahrhunderts entstand auch die Mockturtlesuppe. Turtle ist das englische Wort für Schildkröte, und „to mock" heißt wohlwollend übersetzt nachahmen. Weniger wohlwollend übersetzt bedeutet es aber auch nachäffen oder sich lustig machen über jemanden oder etwas. Dass die falsche Schildkrötensuppe ein Ersatz war, steht außer Frage, aber die Wortwahl ist interessant und könnte ein Hinweis auf den wahren Ursprung dieser Speise sein. Denn es sind zahlreiche Legenden im Umlauf: Einigen Quellen zufolge lieferte Napoleon die Idee zu der Suppe. Als er gegen England eine Kontinentalsperre errichten ließ, konnten keine Schildkröten mehr importiert werden. Als Reaktion darauf habe man in England ebenjene falsche Schildkrötensuppe kreiert. Über die enge Verbindung zwischen England und Hannover sei das Imitat dann nach Deutschland gelangt. Andere behaupten sogar, die Suppe sei

in Deutschland erfunden worden. Dagegen spricht jedoch, dass die Mockturtlesoup bereits im 18. Jahrhundert in vielen englischsprachigen Kochbüchern zu finden ist, in deutschen Kochbüchern aber erst ab dem 19. Jahrhundert auftaucht.

Wahrscheinlicher ist die Theorie, nach der es sich schlicht um eine günstige Alternative handelte. Ohnehin soll das Aroma weniger auf das „geschmacksneutrale" Fleisch zurückzuführen gewesen sein, wie Autoren eines Appetitlexikons von 1894 schrieben, sondern auf Zutaten wie Rindermark, Kraftbrühe, Madeirawein sowie verschiedene Gemüse- und Gewürzsorten. Anstelle des Schildkrötenfleisches nahm man einen Kalbskopf – nur so ließ sich die gallertartige Konsistenz der echten Schildkrötensuppe nachahmen. Heute werden dafür auch Kalbsknochen mit Fleisch verwendet, denn ein Kalbskopf ist nicht immer so leicht aufzutreiben. Und auch wenn: Die Hemmungen, ihn ins Wasser zu geben, könnten ähnlich groß sein wie die, echte Kröten zu kochen.

Zubereitungstipp

Kürbis lässt sich wie Rote Bete sauer einlegen. Hierfür den Kürbis in Stücke schneiden und in der Grundmarinade des Rote-Bete-Salats (Seite 42) über Nacht ziehen lassen. Sie brauchen hierfür nur die halbe Menge dieser Marinade.

Einkaufstipp

Es ist sinnvoll, sich für Gerichte wie dieses ein Thermometer anzuschaffen. So lässt sich am besten die für das Niedrigtemperaturgaren benötigte Hitze kontrollieren. Bei dieser Zubereitungsmethode wird das Fleisch schonender gegart und bleibt saftiger.

„Alles" heißt auf plattdeutsch „aal".
Die Aalsuppe sei demnach ein Gericht,
in dem „alles drin" ist.

HAMBURGER AALSUPPE

Suppe

1 kleine Zwiebel (ca. 60 g)

75 g Lauch

50 g Knollensellerie

1 kleine Möhre (ca. 50 g)

30 g Petersilienwurzel

500 g Schinkenknochen

250 g Rinderhesse (Rinderhaxe)

500 g Geflügelklein

10 weiße Pfefferkörner

Salz

1 Lorbeerblatt

Einlage

150 g Dörrpflaumen

½ kleine Zitrone

150 g Birnen (z. B. Bürgermeister)

Mindestens 7 verschiedene frische Kräuter (insgesamt ca. 60 g): Bohnenkraut, Borretsch, Dill, Estragon, Kerbel, Liebstöckel, Minze, Petersilie, Portulak, Majoran, Sellerieblätter, Thymian, Tripmadam, Zitronenmelisse

Schwemmklößchen

60 ml Milch

20 g Butter

50 g Mehl

1 großes Ei (ca. 60 g)

Salz und weißer Pfeffer aus der Mühle

Muskatnuss, frisch gerieben

Aalsuppe

Die Zwiebel ungeschält halbieren und mit der Schnittfläche nach unten in einer Pfanne bei mittlerer Hitze rösten. Das Suppengemüse putzen, waschen und zusammenbinden. Den Schinkenknochen, die Rinderhaxe und die Geflügelkarkassen in grobe Stücke hacken (oder vom Schlachter hacken lassen), in einem schmalen Topf mit 2 l kaltem Wasser aufsetzen und aufkochen lassen. Abgedeckt etwa 30 Minuten bei schwacher Hitze köcheln lassen, dabei Schaum und Fett mit einer Kelle abschöpfen. Dann erst salzen und weitere 1,5 Stunden köcheln lassen. Die Zwiebelhälften, das Suppengemüse, die Pfefferkörner und das Lorbeerblatt in die Brühe geben und weitere 2 Stunden köcheln lassen. Nach insgesamt etwa 3,5 Stunden den Fond durch ein Passiertuch (siehe Zubereitungstipps) gießen und mit Salz und Pfeffer abschmecken.

Einlage

Die Dörrpflaumen in Wasser einweichen und in mittelfeine Streifen schneiden. Die halbe Zitrone auspressen. Die Birne waschen und abtrocknen, mit einem Kugelausstecher ovale Kugeln aus der Birne ausstechen und sofort mit dem Zitronensaft beträufeln, damit sie nicht braun werden. Die Aalkräuter waschen, trocken schütteln und abzupfen, gegebenenfalls grob schneiden.

Schwemmklößchen

Milch und Butter in einem kleinen Topf aufkochen. Das Mehl sieben, in die Milch-Butter-Mischung geben und gut verrühren, damit sich keine Klümpchen bilden. Den Teig bei nicht zu starker Hitze so lange mit dem Holzlöffel rühren, bis er sich von der Topfwand löst. Das nennt man abbrennen. Den Topf vom Herd nehmen und das Ei unterrühren. Die Masse mit Salz, Pfeffer und Muskatnuss abschmecken. Mit einem Löffel kleine Nocken abstechen und diese in nicht mehr kochendem Salzwasser 2 bis 3 Minuten gar ziehen lassen.

Anrichten

Dörrpflaumen, Birnenkugeln und Schwemmklößchen auf vorgewärmte Teller verteilen, mit Aalsuppe auffüllen. Die frischen Kräuter zum Schluss über die Aalsuppe streuen und servieren.

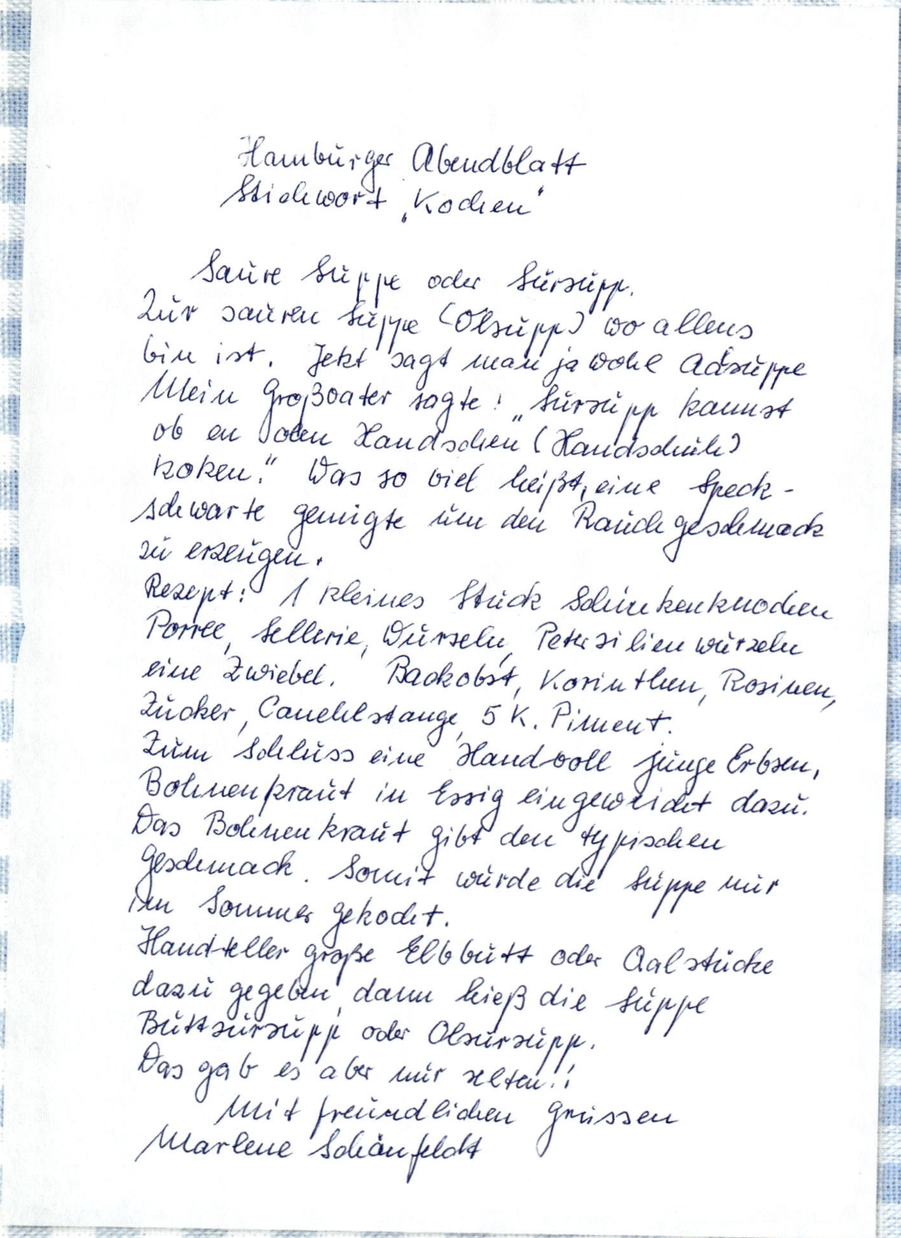
Hamburger Abendblatt
Stichwort ‚Kochen'

Saure Suppe oder Süersupp.
Zur sauren Suppe (Olsupp) wo alles
bin ist. Jetzt sagt man ja wohl Aalsuppe
Mein Großvater sagte: „Süersupp kannst
ob en Olen Handschen (Handschuh)
koken." Was so viel heißt, eine Speck-
schwarte genügte um den Rauchgeschmack
zu erzeugen.
Rezept: 1 kleines Stück Schinkenknochen
Porree, Sellerie, Wurzeln, Petersilienwurzeln
eine Zwiebel. Backobst, Korinthen, Rosinen,
Zucker, Canehlstange, 5 K. Piment.
Zum Schluss eine Handvoll junge Erbsen,
Bohnenkraut in Essig eingeweicht dazu.
Das Bohnenkraut gibt den typischen
Geschmack. Somit würde die Suppe nur
im Sommer gekocht.
Handteller große Elbbutt oder Aalstücke
dazu gegeben, dann hieß die Suppe
Buttsüersupp oder Olsüersupp.
Das gab es aber nur selten!!
Mit freundlichen Grüssen
Marlene Schönfeldt

Leserrezept

Das Rezept stammt von Marlene Schönfeldt.

Zubereitungstipps

- Da der Fond einige Zeit in Anspruch nimmt, können Sie ihn am Vortag zubereiten und die Einlagen dann an dem Tag, an dem Sie die Suppe servieren möchten.
- Damit der Fond klar wird, sind zwei Dinge entscheidend: das Abschäumen und Entfetten nach dem Aufkochen und das Salzen nach dem Abschäumen. Falls Sie kein Passiertuch haben, können Sie ein normales Sieb mit einem Küchentuch auskleiden. Feuchten Sie es vorher aber an, sonst saugt es zu viel Fond auf.
- Die Aalkräuter sind traditionell sehr wichtig. Achten Sie darauf, wirklich sieben verschiedene Kräuter („aal bin") zu verwenden und sie erst zum Schluss in die Suppe zu rühren. Wenn sie mitgekocht werden, verlieren sie ihre Farbe und ihr Aroma.
- Früher wurde die Aalsuppe mit Mehlbutter gebunden. Die Schwemmklößchen sind eine modernere und elegantere Variation.

Einkaufstipps

- Früher wurde die Aalsuppe mit gesüßten Johannis- und Himbeeren süßsauer abgeschmeckt. Die können Sie ergänzend mit hineingeben.
- Als weitere Variante können Sie zusätzlich blättrig geschnittenes Gemüse als Einlage reichen, etwa Zuckerschoten, Wurzeln, Lauch und Kohlrabi.

KEINE ANGST, DIE AALSUPPE IST NICHT KALT WIE EIN FISCH

Auch wenn der Name es vermuten lässt, sind sich die Hamburger nicht einig darüber, ob denn nun Aal in ihre traditionsreiche Suppe gehört oder nicht. Die unterschiedlichen Ansichten sind auf einen sprachlichen Umstand zurückzuführen: „Alles“ heißt auf Plattdeutsch „aal“. Die Aalsuppe sei demnach ein Gericht, in dem „alles drin“ ist. Je nachdem was die Küche oder die Saison gerade so zu bieten hat – wahlweise an Resten oder an Kräutern und Gemüse. Vertreter dieser Theorie glauben also, dass es sich bei der Aalsuppe um ein Resteessen handelt, was schlichtweg falsch ist. Fleischbrühe, Schinken, gepökeltes Rindfleisch, Suppengemüse, Erbsen, Kräuter, Essig, Backobst und eventuell Aal ergeben allerdings durchaus ein harmonisches Ganzes – auch wenn man sich das außerhalb Norddeutschlands sicher zunächst schwer vorstellen kann.

Das älteste Aalsuppenrezept entstammt einem Hamburger Kochbuch von 1788. Demnach ist die Aalsuppe eine süßsaure Gemüsesuppe, die als Hauptgericht mit gekochtem Aal serviert wird. Heinz O. Wehmann jedoch empfiehlt eine aalfreie Aalsuppe – die dann auch Specksuppe oder Saure Suppe heißen kann. Auf jeden Fall wird sie, ob mit oder ohne Aal, meist ab Johanni (Gedenktag der Geburt Johannes des Täufers am 24. Juni) zubereitet. Denn die Basis ist immer ein Schinkenknochen mit Schinkenresten – wie er nach dem Ende der Spargelsaison in einem traditionellen Hamburger Haushalt übrig bleibt.

In der Brühe werden traditionell Backbirnen mitgekocht, was ebenfalls auf eine sprachliche Ungenauigkeit zurückzuführen ist: In alten plattdeutschen Rezepten ist von „Backbeern“ die Rede, was mit Backbirnen übersetzt wurde. Der Begriff steht aber allgemein für Backobst. Viele Rezepte schreiben auch „gemischtes Backobst“ mit Pflaumen, Äpfeln und Birnen. Vor allem die getrockneten Pflaumen sind in dem Rezept unverzichtbar, ihnen hat die Suppe den typischen süßsäuerlichen Geschmack zu verdanken.

Apropos guter Geschmack: Selbst in feinster Gesellschaft dürfen die Herren – so steht's in alten Benimmbüchern – nach dem zweiten Teller Aalsuppe das Jackett ablegen und in Hemdsärmeln weiteressen. Da haben die Männer sicher gern noch mal zugelangt.

Anders als man vermuten könnte, stammt diese norddeutsche Spezialität nicht etwa aus Kiel, sondern traditionell aus Eckernförde.

KIELER SPROTTEN

Fisch

24 Kieler Sprotten

Apfel und Meerrettich

100 g Sahne

½ Biozitrone (Saft und Schale)

40 g frischer Meerrettich

15 g Zucker

1 kleiner rotbackiger Apfel (ca. 150 g, z. B. Juwel aus Kirchwerder)

Salz und weißer Pfeffer aus der Mühle

Beilage

Dunkles Vollkornbrot

Apfel-Meerrettich-Sahne

Die Sahne steif schlagen und in den Kühlschrank stellen. Die Zitronenschale abreiben, die halbe Zitrone auspressen. Den Meerrettich schälen und fein reiben. Drei Viertel des geriebenen Meerrettichs mit Zucker, Zitronensaft und -schale marinieren, den Rest für später in Frischhaltefolie wickeln, damit er nicht braun wird, und beiseitestellen. Den Apfel waschen, abtrocknen und ungeschält grob reiben. Sofort mit der geschlagenen Sahne und dem Meerrettich verrühren, mit etwas Salz und Pfeffer würzen.

Anrichten

Die Kielen Sprotten auf einer Platte anrichten. Die Apfel-Meerrettich-Sahne in eine Schale füllen, mit dem restlichen Meerrettich bestreuen und mit dem Brot zum Fisch reichen.

Zubereitungstipps

- Den Apfel sollten Sie erst kurz vor dem Servieren in die Meerrettich-Sahne reiben, damit er noch Biss hat.
- Die Fische können vollständig, das heißt unausgenommen, mit Kopf und Schwanz („mit Kopp un Steert") inklusive der Gräten verzehrt werden, da diese sehr weich und fein sind. Üblicher ist es aber, den Kopf, den Schwanz und die Hauptgräten nicht mitzuessen („Kopp un Steert sünt nix weert"). Dazu trennen Sie den Kopf ab, fassen die Sprotte mit Daumen und Zeigefinger und drücken den Fisch an Bauch und Rücken leicht an. Da er weich ist, können Sie nun den Schwanz mit der Hauptgräte vorsichtig aus der Sprotte herausziehen, ohne den Sprottenkörper zu öffnen.

Einkaufstipps

- Die Kieler Sprotten müssen Sie beim Fischhändler vorbestellen. Die Aromen bei frisch geräucherter Ware sind einzigartig.
- Eine dicke Meerrettichwurzel lässt sich leichter reiben als eine schmale.

Kochsalz
Rauch
Mindestens

DIE KIELER SPROTTEN VERSTEHEN NICHT NUR BAHNHOF

Anders als man vermuten könnte, stammt diese norddeutsche Spezialität nicht etwa aus Kiel, sondern traditionell aus Eckernförde. Nur hier geräucherte Fische dürfen sich echte Kieler Sprotten nennen. Wurden die Fische in Bremerhaven oder Cuxhaven geräuchert, heißen sie echte Sprotten oder einfach nur Sprotten. Ein feiner Unterschied, den traditionsbewusste Genießer kennen. Klingt unverständlich, aber für die Namensverwirrung gibt es eine simple Erklärung: Im Gegensatz zu Kiel hatte Eckernförde lange Zeit keinen eigenen Gleis- und Zuganschluss. Zum Verschicken wurde die Ware zum Kieler Bahnhof gebracht, wo sie auch ihren Frachtstempel bekam: „Kieler Sprotten" stand auf den Kisten. Als die Bahn 1884 ihre Strecke bis nach Flensburg ausbaute und Eckernförde einen eigenen Bahnhof bekam, konnten die Sprotten endlich auch von hier aus verschickt werden – nur wollte sie keiner mehr haben. Es war die Macht der Gewohnheit: Alle wollten die Kieler Sprotten, nicht die Eckernförder. Also änderte man den Aufdruck.

In Eckernförde ist man stolz auf diese Tradition. Eine Inschrift besagt: „In Eckernför, dor hebbt se't rut, ut Sülver Gold to maken" („In Eckernförde, dort haben sie's raus, aus Silber Gold zu machen."), was sich auf die Farbe der Fische bezieht: Vor dem Räuchern sind sie silberfarben, nach dem Räuchern goldgelb. Heute ist diese Spezialität etwas in Vergessenheit geraten. Von den einst vielen Unternehmen ist heute nur noch eines übrig geblieben, das „echte Kieler Sprotten" produziert und vertreibt: die Räucherei Rehbehn und Kruse.

Wurde das Gericht wirklich nach dem Staatsmann benannt, wie die Flensburger behaupten?

HERINGSHÄCKERLE

Hering

2 Bismarckhering-Doppelfilets (ca. 200 g)

50 g Apfel (z. B. Elstar)

50 g Gewürzgurken

50 g eingelegte rote Bete

30 g Schalotten

5 g Schnittlauch

Mayonnaise

2 Eier (à ca. 50 g)

10 g Senf

160 g Sonnenblumenöl

5 g Weißweinessig

Salz und weißer Pfeffer aus der Mühle

Beilage

400 g Pellkartoffeln oder 8 mittelgroße Scheiben geröstetes Brot

Hering

Die Bismarckheringe von der Haut befreien und in 5 x 5 mm große Würfel schneiden. Den Apfel schälen und erst in 5 mm dicke Scheiben, dann ebenfalls in 5 x 5 mm große Würfel schneiden. Die Gewürzgurken und die rote Bete in genauso große Würfel schneiden. Die Schalotten abziehen und fein würfeln. Den Schnittlauch waschen, trocken tupfen und in feine Ringe schneiden.

Mayonnaise

Eigelb und Eiweiß trennen. Das Eigelb mit dem Senf in einer Schüssel verrühren, nach und nach das Öl in einem dünnen Strahl hineingießen und verrühren. Mit etwas Essig, Salz und Pfeffer abschmecken.

Den Bismarckhering, den Schnittlauch sowie die Gemüse- und Apfelwürfel in eine Schüssel geben, mit der Mayonnaise vermengen und noch einmal mit Salz und Pfeffer aus der Mühle abschmecken.

Anrichten

Das Heringshäckerle in Schalen dekorativ anrichten. Die Pellkartoffeln oder das Brot separat dazu servieren.

Zubereitungstipp

Entscheidend für das Gelingen der Mayonnaise ist, dass alle Zutaten bei der Zubereitung Zimmertemperatur haben.

EIN FISCH NAMENS OTTO: BISMARCKHERING

Es ist nicht die einzige Speise, mit dem der ehemalige Reichskanzler Fürst Otto von Bismarck (1815–1989) verewigt wurde – aber die einzige heute noch bekannte.

Ein Katerfrühstück, ausgerechnet. Dass der Staatsmann Hering mochte, wird oft berichtet. Wie aber kam der sauer eingelegte Fisch zu seinem Namen? Die Flensburger behaupten, nach einem Besuch in ihrer Stadt hätte Bismarck den servierten Hering in einem Gasthof gelobt, also benannte der Wirt – mit seinem Einverständnis – das Gericht nach ihm. Dabei war Bismarck in Flensburg, als er noch gar nicht bekannt und erst recht nicht populär war. „Niemand wäre damals auf die Idee gekommen, irgendwas nach ihm zu benennen“, schreibt Rezeptforscherin Petra Foede in ihrem Buch „Wie Bismarck auf den Hering kam“.

Einer anderen Geschichte zufolge soll ein Fischkonservenfabrikant aus Stralsund Bismarck zu einem wichtigen Anlass ein Fass mit eingelegten Heringen geschickt und ihn darum gebeten haben, ihn als Bismarckhering verkaufen zu dürfen. Ein persönliches Dankesschreiben habe der Reichskanzler ihm geschickt, heißt es – auch hier samt Erlaubnis, den Namen zu verwenden.

Vielleicht hat der Fürst sich wirklich für eine solche Lieferung bedankt. Ob er aber jemandem erlaubt hat, einen Fisch oder sonst irgendeine Speise nach ihm zu benennen, ist eher unwahrscheinlich. Genauso unwahrscheinlich wie die Annahme, dass er überhaupt gefragt wurde.

Achten Sie bei der Zubereitung darauf, dass Sie die Panzer nicht zu stark anrösten und dass beim Ablöschen keine Flamme entsteht.

HAMBURGER KREBSSUPPE MIT ESTRAGON

Krebssuppe

24 Flusskrebse à ca. 60 g

60 g Suppengemüse (Möhren, Lauch, Sellerie)

1 Lorbeerblatt

0,5 g Kümmel (ganz)

2 Roma-Fleischtomaten

1/4 Bund Estragon (15 g)

1/4 Bund Dill (15 g)

50 g Butter

6 cl Cognac

600 ml Sahne

400 ml Milch

10 g Tomatenmark (zweifach konzentriert)

Salz und weißer Pfeffer aus der Mühle

Cayennepfeffer

Garnitur

40 ml Sahne, geschlagen

Einige Estragonspitzen

Krebssuppe

Die Flusskrebse gründlich waschen und trocken tupfen. Das Suppengemüse waschen, putzen und in grobe Stücke schneiden. In einem großen Topf viel Wasser sprudelnd aufkochen. Die Flusskrebse mit dem Suppengemüse, dem Lorbeerblatt und dem Kümmel zugedeckt etwa 5 Minuten gar dämpfen, dann herausnehmen. Die Schwänze und Scheren abtrennen, das Fleisch auslösen und beiseitestellen. Die Karkassen (den Panzer) grob zerstoßen und beiseitestellen.

Die Tomaten waschen, den Stielansatz entfernen und die Tomaten grob zerteilen. Den Estragon waschen und trocken schütteln, für die Garnitur einige Estragonspitzen abzupfen und beiseitelegen, die restlichen Blätter abzupfen und schneiden. Den Dill klein zupfen.

Die Butter im Topf erhitzen. Die Karkassen darin bei mittlerer Hitze anrösten, bis die Butter etwas Farbe annimmt. Mit Cognac ablöschen, dann Sahne, Milch, Tomaten, Tomatenmark und Kräuter unterrühren. Alles aufkochen und 25 Minuten auf niedrigster Stufe ziehen lassen. Anschließend durch ein feines Sieb geben und mit Salz, Pfeffer und Cayennepfeffer abschmecken. Kurz vor dem Anrichten die Krebssuppe noch einmal aufkochen und mit einem Stabmixer schaumig schlagen.

Anrichten

Das Krebsfleisch und etwas geschlagene Sahne jeweils in die vorgewärmten Teller geben. Die heiße Suppe einfüllen, sodass sich die Sahne auflöst. Zum Schluss die Estragonspitzen auflegen und servieren.

Einkaufstipps

- Die Tiere sollten frisch und lebendig sein. Eine große Auswahl finden Sie in Hamburg auf dem Fischmarkt.
- Wenn Sie keine frischen Roma-Tomaten bekommen, können Sie etwas mehr Tomatenmark nehmen. Achten Sie darauf, kein dreifach konzentriertes Tomatenmark zu kaufen, es ist zu intensiv. Falls Sie kein anderes bekommen, nehmen Sie etwas weniger als angegeben.

EIN GUTER FANG

Bis ins 19. Jahrhundert waren Flusskrebse in Hamburg sehr wichtig für die Fischerei, vor allem der Edelkrebs. Daher waren sie jahrhundertelang auch fester Bestandteil der heimischen Küche. Das änderte sich, als 1860 in Europa die Krebspest ausbrach, die innerhalb weniger Wochen fast alle Krebsbestände, vor allem die des Edelkrebses, vernichtete. Ursache für das Massensterben war ein Pilz, der durch lebende, aus Nordamerika importierte Krebse eingeschleppt wurde, und richtig erholt haben sich die Bestände nie wieder. Die zunehmende Wasserverschmutzung tat ihr Übriges. Flusskrebse leben in Bächen, Flüssen, Seen und Weihern und mögen sauberes Wasser. Ist es verunreinigt, sterben sie. Das erklärt, warum die Tiere inzwischen so teuer sind. In Deutschland gibt es heute insgesamt noch acht Flusskrebsarten, in Schleswig-Holstein sind es vier: neben dem Edelkrebs die drei eingeführten Arten Galizier, Signalkrebs und Kamberkrebs. Edelkrebse gelten in Deutschland inzwischen als eine vom Aussterben bedrohte Art.

Die größte Auswahl an Flusskrebsen finden Sie auf dem Hamburger Fischmarkt. Oberstes Gebot ist Frische – die Tiere werden in der Regel lebend verkauft. Achten Sie bei der Zubereitung darauf, dass Sie die Panzer nicht zu stark anrösten und dass beim Ablöschen keine Flamme entsteht. Sonst verbrennen die kleinen Härchen an den Karkassen, und die Suppe wird bitter.

Traditionell kam das Stubenküken in Norddeutschland zu Ostern auf den Tisch, anstelle eines Lammgerichtes.

STUBENKÜKEN AUF SALAT

Salat

2 Köpfe Kopfsalat à ca. 250 g
20 g Kerbel
2 kleine Fleischtomaten
40 g Walnüsse
2 Schalotten (ca. 80 g)
50 ml weißer Balsamico-Essig
30 g Rapshonig
70 ml Walnussöl
Salz und weißer Pfeffer aus der Mühle
2 g engl. Senf (Senfpulver, alternativ 4 bis 5 g scharfer Senf)
1 kleiner, süßlicher rotbackiger Apfel (ca. 120 g, z. B. Holsteiner Cox)

Stubenküken

6 Stubenküken à 280 bis 300 g
Salz und weißer Pfeffer aus der Mühle
60 g Butter

Salat

Den Kopfsalat von den äußeren Blättern befreien, dann putzen, waschen und gut abtropfen lassen oder trocken schleudern. Den Salat in sechs Teile schneiden, die Spitze vom Strunk entfernen. Den Kerbel waschen, ein paar Teile für die Garnitur abzupfen und beiseitelegen, den Rest fein schneiden. Tomaten kreuzweise einschneiden, mit heißem Wasser überbrühen und abziehen, dann entkernen und grob würfeln. Die Walnüsse mittelfein hacken. Die Schalotten abziehen und fein würfeln. Schalottenwürfel, Rapshonig, Essig, Walnussöl, Salz, Pfeffer, Senf und Kerbel zu einer Vinaigrette verrühren. Den Apfel waschen, vierteln, vom Kerngehäuse befreien und mit der Schale auf einer groben Reibe direkt in die Marinade reiben.

Stubenküken

Die Stubenküken auslösen (evtl. vom Schlachter erledigen lassen, ansonsten siehe Zubereitungstipps) und rundherum mit Salz und Pfeffer würzen. Die Butter in einer Pfanne erhitzen. Die Keulen auf jeder Seite 4 Minuten, die Brust jeweils 2 Minuten braten. Je nach Größe kann sich die Garzeit auch um eine Minute verlängern. Warm stellen.

Anrichten

Die Kopfsalatherzen mit einem Teil der Vinaigrette beträufeln. Den Salat auf den Tellern verteilen, die Stubenküken darauf anrichten. Den Salat und ein wenig auch die Stubenkükenteile mit der restlichen Salatsauce überziehen. Mit Kerbelspitzen garnieren und servieren.

Zubereitungstipp

Falls Sie die Küken selbst auslösen, gehen Sie wie folgt vor:

1. Brust und Keulen abtrennen.
2. Von den Keulen auch den Oberschenkelknochen entfernen.
3. Den Unterschenkelknochen in Richtung Fuß sauber putzen, das heißt, Haut, Sehnen und Knorpel entfernen.
4. Den Flügelknochen von der Brust freilegen.

Einkaufstipps

- Achten Sie beim Einkauf auf die Größe und das Gewicht des Geflügels. Heute werden oft Stubenküken verkauft, die mehr als 450 Gramm wiegen. Passen Sie in so einem Fall die Garzeiten entsprechend an. Viel größer sollte das Küken aber nicht sein.
- In der heutigen Zeit werden viele verschiedene Salatarten angebaut. Probieren Sie das Gericht einmal mit Portulak, Feldsalat oder Römersalat. Auch kleine rote Mangoldblätter geben ihm eine interessante Note.

NACH DIESEM STUBENKÜKEN KRÄHT JEDER HAHN

Stubenküken, das klingt nach deutscher Gemütlichkeit, als würde ein kleines Tier im Warmen seine Füße hochlegen. Das trifft die Sache durchaus, aber das Ende der Geschichte passt aus Sicht des Tieres weniger zu der heimeligen Atmosphäre – es landet ja in der Pfanne. Das Stubenküken ist eine typische Hamburger Spezialität. Genauer gesagt stammt sie aus den Vierlanden, jenem Gebiet im Südosten der Stadt, das aus den vier Stadtteilen Kirchwerder, Neuengamme, Altengamme und Curslack besteht, wo vor allem Bauern lebten. Noch heute ist die Region bekannt für ihren Gemüseanbau.

Die Bauern fütterten ihr Geflügel im Winter mit den Überschüssen aus dem Fischfang, was dazu führte, dass sie ein weiteres Mal brüteten. Die geschlüpften Küken brauchten, um in der Kälte überleben zu können, noch mehr Schutz und Pflege, also zog man sie in der eigenen Stube auf, in einem unter der Sitzfläche einer Bank versteckten Holzverschlag, der sogenannten Hühnerbank. Die Tiere bekamen ausreichend zu fressen, die Bauern mästeten sie regelrecht mit Mais und anderen Körnern. Nach drei bis fünf Wochen waren die Küken immer noch klein, hatten aber reichlich Fleisch auf den Rippen, das besonders zart und gelblich gefärbt war.

Ein Küken war verkaufs- oder schlachtfertig, wenn es mindestens 200 bis 300 Gramm schwer war – je nach Quelle, manchmal werden auch 400 Gramm als Mindestgewicht angegeben. Mehr als 650 Gramm (gemessen ohne Innereien und Kopf) darf es heute aber laut Vermarktungsnorm der Europäischen Union nicht auf die Waage bringen, damit es noch Stubenküken heißen darf. Traditionell kam das Stubenküken in Norddeutschland zu Ostern auf den Tisch, anstelle eines Lammgerichtes.

Die Tradition als Osterschmaus war etwas in Vergessenheit geraten, bis regionale Spitzenköche den Brauch wiederentdeckten und wiederbelebten. Inzwischen ist das Stubenküken wieder häufiger auf den Speisekarten zu finden. Klassisch wird es gefüllt, gebraten und mit Kartoffeln serviert – doch es gibt unendlich viele Variationen.

Der schwarze Holunder ist eine der ältesten Heilpflanzen und Hauptzutat dieser norddeutschen Spezialität.

FLIEDERBEERSUPPE MIT KLÜTEN

Fliederbeersuppe

1 kleine Biozitrone

3 Äpfel (z. B. Holsteiner Cox)

125 g Zucker

2 cl Grenadinesirup

1,5 kg Fliederbeeren

30 g Weizenstärke

1 Sternanis

1/2 Zimtstange

2 Nelken

Grießklößchen

1/4 Tahiti-Vanilleschote

300 ml Milch

50 g Butter

100 g Grieß (fein)

1 Ei

30 g Pistazienpüree (siehe Einkaufstipp)

1 Prise Salz

Fliederbeersuppe

Die Schale am Stück von der Zitrone schneiden, die Zitrone halbieren und auspressen. Die Äpfel schälen, entkernen und mit einem Kugelausstecher etwa 20 bis 24 Apfelkugeln ausstechen. Die Apfelkugeln mit etwas Zucker, Zitronensaft und Grenadinesirup marinieren.

Die Fliederbeeren waschen und von den Stielen lösen. Die Fliederbeeren und Apfelreste durch den Entsafter geben, um etwa 1 Liter Saft zu erhalten.

Das Stärkemehl mit etwas Wasser glatt rühren und beiseitestellen. Den Fliederbeersaft und die Hälfte der Zitronenschale mit dem Zucker, dem Sternanis, der Zimtstange und den Nelken aufkochen, dann mit der Speisestärke binden.

Grießklößchen

Das Vanilleschotenstück längs halbieren und auskratzen. Die Milch mit dem Vanillemark und der Butter aufkochen, den Grieß unterrühren und so lange köcheln lassen, bis sich die Masse vom Boden und von der Topfwand löst, dabei die Masse stets in Bewegung halten, am besten mit einem Holzspatel. Köche nennen das abbrennen. Vom Herd nehmen oder in ein kühleres Gefäß umfüllen. Das Ei und das Pistazienpüree unterrühren. Anschließend die Masse mit zwei Löffeln zu Nocken formen und etwa 5 bis 6 Minuten in leicht gesalzenem und heißem, aber nicht kochendem Wasser gar ziehen.

Anrichten

Fliederbeersuppe auf die Teller verteilen, die Grießnocken und marinierten Apfelkugeln hineingeben und servieren.

Zubereitungstipps

- Die Apfelkugeln nicht zu lange marinieren und die Marinade keinesfalls mit Wasser strecken, sonst werden die Apfelstücke zu weich und verlieren an Biss.
- Früher wurden die Klüten oder Grießklößchen aus Bequemlichkeit einige Zeit vorher gegart. Heute empfiehlt es sich, sie nur kurz vorzugaren, sonst werden sie zu fest. Wichtig: Das Wasser, in dem sie gar gezogen werden, darf nicht mehr kochen, sonst zerfallen sie.

Einkaufstipp

Die Pistazien sorgen für die grüne Farbe. Falls Sie kein Pistazienpüree oder -mark bekommen, etwa im Feinkosthandel, können Sie Waldmeister-Topping nehmen – oder die Grießklößchen weiß lassen.

Fliederbeersuppe mit Grießklüten

Im Herbst wurden dafür wilde Fliederbeeren (Holunderbeeren) gesammelt und entsaftet. Aus dem Saft, der mit Wasser verdünnt und mit Zucker, eventuell etwas Zitronensaft, Vanille oder Zimt abgeschmeckt wurde, wurde anschließend eine heiße Suppe gekocht, die mit Speisestärke angedickt wurde. In die Suppe kamen geschälte Apfelscheiben (Boskop oder Cox Orange). Am schönsten fanden wir Kinder es, wenn diese Scheiben aus ganzen Apfelringen bestanden. Aus Grieß, Vanillemark, Zucker und Milch wurden die Grießklüten gekocht und kurz vor dem Servieren in die Suppe gelegt, damit sie noch schön weiß waren, was auf der dunklen Suppe sehr hübsch aussah. Bei Tisch wurde dann noch Zwieback über die Suppe gebrochen. Durchaus nahrhaft, gesund und lecker.

Für die Herbst- und Wintermonate kochte unsere Mutter oft Fliedersuppe mit Grießklüten als Nachtisch. Oder wie wir es nannten als „Naschtisch".

Leserrezept

Dieses Rezept stammt von Anette Friedrich.

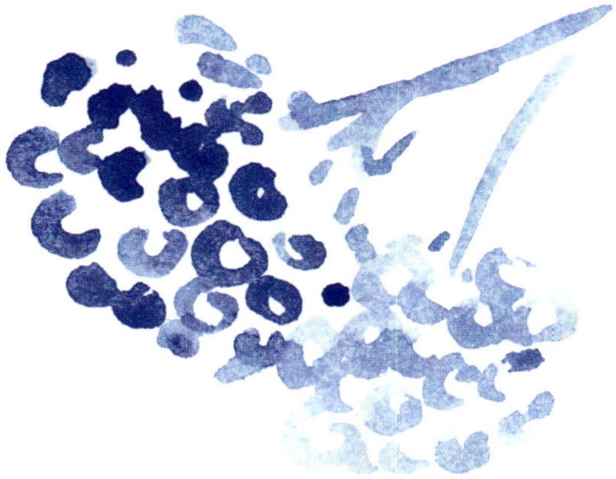

DIE FLIEDERBEERSUPPE LÄSST SIE AUFBLÜHEN

Wer viel suppt, lebt lange, lautet ein altes Sprichwort. In diesem Fall wäre das durchaus denkbar: Die Fliederbeersuppe, eine norddeutsche Spezialität, besteht vor allem aus Schwarzen Holunderbeeren – oder Fliederbeeren, wie sie im Norden heißen. Und der Schwarze Holunder ist eine der ältesten Heilpflanzen überhaupt. Seine Blätter und Blüten werden getrocknet und, als Tee aufgebrüht, bei Erkältungskrankheiten eingesetzt, da sie schleimlösend und schweißtreibend wirken.

Auch die Beeren verwendete man früher gegen Erkältungskrankheiten. Manch einer bekam als Kind heißen Holunderbeersaft zu trinken, wenn er Fieber hatte – hoffentlich gesüßt, denn pur ist der Saft bitter und ungenießbar. Vermutlich entstand daraus irgendwann eine Suppe. Mehr weiß man inzwischen über die Beere, die nur so strotzt vor gesunden Inhaltsstoffen. Neben Vitaminen, Mineralstoffen, Spurenelementen und Aminosäuren verdankt sie ihre gesunden Eigenschaften ihrem hohen Gehalt an sekundären Pflanzenstoffen: Mehr als 4000 Verbindungen wurden bisher in Holunderbeeren gefunden. Die für die dunkelrote Farbe verantwortlichen Pflanzenfarbstoffe, sogenannte Anthozyane, hemmen Entzündungen, schützen die Gefäße und können sogar helfen, Blutzucker und Blutdruck zu regulieren.

Der Holunderstrauch wächst in ganz Europa und in vielen anderen Teilen der Welt. Er blüht von Mai bis Juni, die Beeren reifen von August bis Oktober. Traditionell kommt die Fliederbeersuppe im Herbst und Winter heiß auf den Tisch, im Sommer als Kaltschale, immer aber mit Apfelstücken und Grießnocken als sättigende Beilage. Je nach Region nehmen manche Grieß, andere Mehl als Grundlage für die Klöße. Wenn Blütendolden oder Beeren auf dem Markt schwer zu bekommen sind, pflückt man sie eben selbst, am besten in den sogenannten Knicks. Das sind jene in Schleswig-Holstein weitverbreiteten Strauchhecken, die als Feldbegrenzung dienen. Die Fliederbeersuppe heißt deswegen auch „Knicksupp“. Wichtig ist, nur reife Früchte zu pflücken. Unreife enthalten Sambunigrin, einen Inhaltsstoff, der Übelkeit auslösen kann. Aus demselben Grund müssen die Beeren vor dem Genuss erhitzt werden, egal, ob man ihren Saft später kalt oder heiß genießt. Das Kochen zerstört das Sambunigrin – und erst dann entfalten die Beeren ihre gesunde Wirkung. Krank will davon schließlich niemand werden.

Wer den säuerlichen Geschmack mag, lernt mit diesem Rezept, wie einfach es ist, das Gemüse selbst einzulegen.

ROTE-BETE-SALAT

Grundmarinade

100 ml Weißweinessig
100 g Zucker
1/2 Lorbeerblatt
1 1/2 TL Senfkörner (2 g)
1/2 TL weiße Pfefferkörner (1,5 g)
8 Wacholderbeeren
3–4 Pimentkörner
1 Msp. rote Chilischote
Salz und weißer Pfeffer

Rote Bete

3 Bund kleine Rote Bete (ca. 800 g junge Knollen mit Grün)
1 TL Kümmel, ganz
30 g Salz (15 g pro Liter Wasser)

Estragonsauce

25 g Estragon
30 g Crème fraîche oder Schmand
20 ml Sherryessig
10 g Zucker
Salz und weißer Pfeffer

Grundmarinade

Weißweinessig, 100 ml Wasser, Zucker und die übrigen Gewürze in einen Topf geben und aufkochen. Anschließend durch ein feines Sieb gießen und die Flüssigkeit abkühlen lassen.

Rote Bete

Die Blätter etwa 3 cm über den Knollen abschneiden. Den Kümmel in einen Teebeutel geben und verschließen. Rote Bete in einem Topf mit ca. 2 Liter kaltem Wasser, Salz und Kümmel gar kochen. Kleinere Knollen brauchen ca. 15 Minuten, größere etwa 25 Minuten. Den Kochfond abgießen, die Rote Bete etwas abkühlen lassen, vorsichtig pellen und je nach Größe längs halbieren. Die Rote Bete über Nacht in der Grundmarinade ziehen lassen.

Estragonsauce

Den Estragon waschen und abtropfen. Einige Estragonspitzen für die Garnitur abzupfen, das restliche Kraut fein schneiden. Die Crème fraîche in eine Schüssel geben. Sherryessig, Zucker und Sonnenblumenöl zugeben und alles mit dem Mixstab vermengen. Mit Salz und Pfeffer abschmecken, zum Schluss den geschnittenen Estragon unterrühren.

Anrichten

Die Rote Bete aus der Marinade nehmen und auf die Teller verteilen. Die Estragonsauce darüber gießen und dazu reichen, zum Schluss das Gemüse mit den Estragonspitzen garnieren.

Zubereitungstipps

- Das Gemüse bekommt einen intensiveren Geschmack, wenn Sie es einige Tage in der Marinade ziehen lassen. Die Rote Bete ist aber auch dann nur wenige Tage haltbar.
- Wer es nicht mag, muss es nicht einlegen. Die Rote Bete schmeckt auch nur gekocht mit der Estragonsauce.

DIE ROTE BETE HAT VIEL IN DER RÜBE

In traditionellen norddeutschen Rezepten kam die Rote Bete hauptsächlich in zwei Gerichten vor: in Heringssalat und als Beilage zu Labskaus. Für beides nahm man säuerlich eingelegtes Gemüse, was vielleicht der Grund dafür ist, dass die kleine Rübe nicht unbedingt zu den beliebtesten Lebensmitteln zählt – die meisten kennen sie nicht anders. Dabei hat die frische Knolle durchaus eine Chance verdient. Wer sie noch nie probiert hat, wird sich wundern, dass sie gar nicht säuerlich, sondern angenehm süß und erdig schmeckt. Sie eignet sich für Rohkost und Salate, Suppen oder Saucen und ist dabei überaus gesund, denn sie enthält viele Vitamine und Mineralstoffe, darunter Vitamin C, Folsäure und andere B-Vitamine sowie Kalium, Kalzium, Magnesium und Betanin. Der stark färbende rote Farbstoff ist nicht nur dekorativ – mit ihm lassen sich etwa Nudeln färben –, er stärkt auch das Immunsystem.

Rote Bete, auch Rote Rübe genannt, gilt als klassisches Wintergemüse. Die Knollen werden ab Oktober geerntet und können lange eingelagert werden. Besonders zart sind die jungen und eher kleinen Knollen. Für feinere Gerichte sind sie die bessere Wahl.

Ähnlich wie der Hering galt auch der Stint als Armeleuteessen, weil es reichlich von ihm gab.

ELB-STINTE IM KURKUMATEIG

Stinte

2 Zitronen

900 g Stinte (ca. 32 St.), küchenfertig, mit Schwanz

Salz und Pfeffer aus der Mühle

Frühlingskräuter-Mayonnaise

2 Eier (à 50 g)

10 g Senf

200 ml Sonnenblumenöl

etwas Weißweinessig

1 Knoblauchzehe

1 Fleischtomate

60 g Frühlingslauch

10 g glatte Petersilie

10 g Kerbel

30 g Brunnen- oder Gartenkresse

Etwas Cayennepfeffer

Backteig

65 g Mehl

65 g Weizenstärke

1 g Natron oder Hirschhornsalz

2 g Kurkuma

20 g Buchweizenmehl (oder Weizenstärke)

400 ml Traubenkernöl

Vorbereitung Stinte

Die Zitronen halbieren und auspressen. Die Stinte mit Salz und Pfeffer würzen, mit Zitronensaft beträufeln. Einige Minuten marinieren lassen, dann mit Küchenpapier trocken tupfen.

Backteig

Mehl, Weizenstärke, Natron oder Hirschhornsalz, Kurkuma und 170 ml kaltes Wasser zu einem Backteig verrühren. Die Stinte kurz im Buchweizenmehl wenden, überschüssiges Mehl abklopfen und die Fische durch den Backteig ziehen. Das Öl in einem Topf auf etwa 170 °C erhitzen und die Stinte im heißen Fett 2 bis 2 ½ Minuten knusprig backen. Herausnehmen, auf Küchenpapier abtropfen lassen und mit Salz und Pfeffer etwas nachwürzen.

Mayonnaise

Eigelb und Senf in einer Schüssel vermengen, nach und nach das Öl unterrühren. Mit etwas Essig, Salz und Pfeffer abschmecken.

Die Knoblauchzehe schälen und fein schneiden. Die Fleischtomate kreuzweise einschneiden, überbrühen, enthäuten und entkernen, dann in feine Würfel schneiden. Den Frühlingslauch putzen, waschen und schräg in feine Ringe schneiden. Die Kräuter waschen, trocken tupfen, die Blätter abzupfen und mittelfein schneiden. Die Mayonnaise, die Tomaten, den Frühlingslauch und die Kräuter in eine Schüssel geben und verrühren, alles mit etwas Cayennepfeffer, Salz und Pfeffer abschmecken.

Anrichten

Die gebackenen Stinte auf eine vorgewärmte Platte oder vorgewärmte Teller legen. Die Mayonnaise dazu reichen.

WAS FÜR EINE GURKENTRUPPE

Der Stint muss einst bedeutsam gewesen sein für Hamburg. Immerhin wurde hier eine Anhöhe mit spektakulärem Blick auf den Hafen nach ihm benannt: der Stintfang. Er liegt in unmittelbarer Nähe der Landungsbrücken.

Ähnlich wie der Hering galt auch der Stint als Armeleuteessen, weil es reichlich von ihm gab und er in so großen Mengen gefangen wurde, dass die Bauern ihn sogar an ihre Tiere verfütterten. Seine Saison dauerte von Februar bis April – nur in dieser Zeit schwamm er zum Laichen die Elbe hinauf.

Wegen der zunehmenden Verschmutzung der Flüsse brach die Tradition ein: Die Fischbestände gingen stark zurück. Erst seit einigen Jahren hat sich die Wasserqualität so weit gebessert, dass der Stint wieder in der Elbe gefangen werden kann. Vereinzelte Fischer haben sich darauf spezialisiert, und in der Saison bekommt man ihn in einigen Restaurants in der Nähe der Elbe serviert, weil Feinschmecker den etwa 12 bis 18 Zentimeter langen Stint als Kultfisch verehren. Für die heutige Fischwirtschaft ist der Stint aber längst nicht mehr so bedeutsam wie früher. An seinem Geschmack scheiden sich zudem die Geister: Er riecht nach frischen Gurken und wird daher auch Gurkenfisch genannt. Traditionell wird er in Roggenmehl gewendet, gebraten und mit Gurkensalat und Brat- oder Salzkartoffeln serviert.

Zubereitungstipps

- Dieser Backteig ähnelt dem asiatischen Tempurateig, wird jedoch ohne Ei hergestellt. Eine Panade mit Roggen- oder Buchweizenmehl wäre zu rustikal für die zarten Stinte.
- Wichtig ist, dass alle Zutaten für die Mayonnaise Zimmertemperatur haben. Die Eier daher rechtzeitig aus dem Kühlschrank holen.

Schwarzsauer ist ein traditionelles norddeutsches Gericht, das früher in Hamburg an Schlachttagen gekocht wurde.

SCHWARZSAUER

Gewürzsud

250 g Zwiebeln

2 Lorbeerblätter

Je 1,5 TL schwarze Pfefferkörner, Korianderkörner und Senfkörner

4 Nelken

3 TL Wacholderbeeren

100 ml Weißweinessig

20 g Zucker

Fleisch und Blut

500 g Schweinebauch

500 g Schweineschulter

300 g Schweineblut

Salz und weißer Pfeffer aus der Mühle

Beilagen

Salzkartoffeln

Etwas gehackte Petersilie

Gewürzsud

Die Zwiebeln schälen und in grobe Würfel schneiden. In einen Topf geben, alle Gewürze dazugeben, mit 200 ml Wasser auffüllen und aufkochen. Zugedeckt etwa 1 Stunde bei schwacher Hitze ziehen lassen. Dann den Essig und den Zucker zugeben und alles durch ein feines Sieb gießen. Die Menge sollte nicht weniger als 200 ml betragen, bei Bedarf etwas Wasser nachgießen.

Fleisch und Blut

Schweinebauch und Schweineschulter mit einem scharfen Messer in jeweils 5 x 5 cm große Stücke schneiden. 1,2 l Wasser in einem Topf aufkochen, das Fleisch hineinlegen und etwa 1 ½ Stunden bei schwacher Hitze köcheln lassen, dabei zwischendurch mit einer Kelle immer wieder Schaum und Fett abschöpfen. Dann das Fleisch herausnehmen und warm stellen, den Fleischfond durch ein feines Sieb gießen.

Kurz vor dem Servieren 200 ml Gewürzsud und 400 ml Fleischfond miteinander verrühren. Das Schweineblut in einen Topf füllen. Erst eine kleine Menge des heißen Fonds mit dem Blut verrühren, nicht zu viel, sonst gerinnt das Blut und wird unansehnlich. Dann langsam den Rest hineingeben und den Fond mit dem Schweineblut binden. Zum Schluss mit Salz und Pfeffer abschmecken.

Anrichten

Das Schwarzsauerfleisch in tiefe, vorgewärmte Teller geben und jeweils mit dem gebundenen Fond auffüllen. Die Salzkartoffeln kurz vorher mit der Petersilie würzen und separat dazu reichen.

Zubereitungstipp

Wenn Sie eine kleine Prise Pökelsalz während des Kochens an den Fleischfond geben, färbt sich das Fleisch leicht rosa.

Einkaufstipp

Das Blut müssen Sie rechtzeitig beim Schlachter vorbestellen. Geben Sie gleich nach dem Kauf ein wenig Weißweinessig zu, damit es nicht gerinnt.

SCHWARZSAUER MACHT LUSTIG

Andere Zeiten, andere Esssitten. Was vor vielen Jahren oder Jahrhunderten noch als Festschmaus galt und Begeisterung auslöste, kann heute Befremden auslösen. Dieses Gericht wird den einen oder anderen schon wegen seiner Hauptzutat abschrecken, denn Blut ist nicht jedermanns Sache, selbst dann nicht, wenn man sein Steak gern „blutig“ isst.

Schwarzsauer oder plattdeutsch Swattsuer ist ein traditionelles norddeutsches Gericht, das früher in Hamburg und Schleswig-Holstein an Schlachttagen gekocht wurde. Das Schlachten war damals ein freudiges, lustiges Ereignis, das groß gefeiert wurde. Schwarzsauer galt dabei als kulinarisches Highlight.

Das Gericht war keine Speise der feinen Gesellschaft, sondern eine Art Resteverwertung, die typisch war für eine ländliche Bevölkerung. Nach der Schlachtung mussten die Frauen das Fleisch so schnell wie möglich zu Würsten oder Pökelfleisch verarbeiten. Mit den Resten kochten sie das Schwarzsauer: Schweinerippe, Schweinepfoten, die Schnauze und was sonst übrig blieb – und das frische Schweineblut. Die Bäuerinnen kochten die Fleischteile mit Gemüse und Gewürzen im Essigsud gar und gossen die Brühe ab. Das Fleisch pulten sie ab und gaben es mit in die Brühe, manche schnitten auch Apfelstücke und eingeweichte Dörrpflaumen mit hinein. Die Brühe wurde mit dem Blut abgebunden, das die Eigenschaft hat, in Verbindung mit Essig dunkel zu werden und zu gerinnen. Die Menge bestimmte die Konsistenz: Wer die Suppe dicker mochte, fügte etwas mehr Blut hinzu. Meist gab es Salzkartoffeln oder Steckrüben als Beilage. Bisweilen haben die Bäuerinnen ihr Swattsuer auch mit kleinen Mehlkößchen angereichert. In manchen Regionen, etwa in Pommern und Ostfriesland, wurde das Gericht auch mit Gänsefleisch und -blut zubereitet. Es soll aromatischer schmecken, aber weniger stark binden.

Da die meisten Menschen heute keinen Bezug mehr zum Schlachten haben, ist das Schwarzsauer in Vergessenheit geraten. Manche finden das sicherlich gar nicht so tragisch – die Mutigen kochen es nach.

Schwarzsauer nach Art des Hauses. aus Dithmarschen!

300 g Dickerippe
400 g Schweinebauch
1/2 Schweinekopf
1 Schweineherz
2 " Nieren
1 größere Pfote

1 Liter Blut = bestellen beim Schlachter

Flüssigkeit = 1 Liter Wasser
≈ 1 Liter Essig
Salz, Zucker, Pfefferkörner schwarz/weiß
Senfkörner, Pimentkörner, einige
Lorbeerblätter, 2 Zwiebeln o. Haut.

Beilage = Backobst.
Pellkartoffeln
Zutaten für Klöße

Leserrezept

Das Rezept stammt von Familie Jebe-Öhlerich.

FISCH

Ut dat Meer un de Seen

Dieser Fisch wird gewissermaßen vor der Haustür, also in der Schlei oder in der Eckernförder Bucht, gefangen.

RÜHREI MIT BÜCKLING

Fisch

4 Bücklinge à 160 g, filetiert

Kräuterrührei

6 Eier (à ca. 60 g)

120 ml Milch

120 ml Sahne

Salz und weißer Pfeffer aus der Mühle

1/2 Bund Schnittlauch

2 Schalotten (à 40 g)

60 g Butter

Bückling

Die Bücklingsfilets in 8 oder 12 dünne Stücke schneiden.

Rührei

Die Eier mit Milch und Sahne verrühren und mit Salz und Pfeffer würzen. Den Schnittlauch waschen, trocken tupfen und in feine Ringe schneiden. Einige Ringe für die Garnitur beiseitestellen. Die Schalotten schälen und in feine Würfel schneiden.

Die Butter in einer Pfanne erhitzen, aber nicht zu heiß werden lassen. Die Schalottenwürfel darin kurz anschwitzen. Die Rühreimasse zugeben und mit einem Schaber vorsichtig von außen nach innen schieben und stocken lassen, sodass am Ende eine Wellenform oder Rose entsteht.

Anrichten

Das Rührei auf vorgewärmte Teller verteilen, die Bücklingstücke daneben anrichten. Mit Schnittlauchröllchen bestreuen.

Zubereitungstipp

Beim Rührei kommt es auf die Temperatur in der Pfanne an: Ist sie zu heiß, stockt die Rühreimasse sofort und das Ei setzt an. Bei geringer Hitze wird das Rührei locker, saftig und weich.

Einkaufstipps

- Achten Sie beim Einkauf von frischem Bückling darauf, dass der Fisch eine golden glänzende Haut und festes Fleisch hat. Besonders zart sind: der Ostsee-Bückling, der Schlei-Bückling, der Kieler Bückling.
- Die Fische sollten einen angenehm milden Räucherton verbreiten.

DER HAT FEUER UNTERM HINTERN

Viel Rauch um nichts? Im Gegenteil, der Rauch erst macht diesen Fisch zur Delikatesse. Und nicht nur diesen: Räuchern ist eine der ältesten Methoden überhaupt, Fisch und Fleisch haltbar zu machen. Wegen der begrenzten Haltbarkeit – geräucherte Fische halten sich nur wenige Tage – hatte diese Spezialität vor allem in der kälteren Jahreszeit Saison.

Der Bückling ist ein kleiner, leicht gesalzener und heiß geräucherter Hering mit Kopf, der durch das Räuchern eine goldene Farbe bekommt. Früher wurde er grundsätzlich mit Milch (Samen) und Rogen (Eier) geräuchert, das heißt, der Fisch wurde vorher nicht ausgenommen. Heute bekommt man beides: ausgenommenen und nicht ausgenommenen Bückling.

Enthält der Fisch noch Milch und Rogen, ist der Hersteller dazu verpflichtet, darauf hinweisen, dass darin Parasiten enthalten sein können. Bückling-Fans können aber beruhigt sein: Spätestens das Heißräuchern tötet die Parasiten ab, sagen Experten. Meist ist es aber schon die Kälte, denn heute werden in der Regel tiefgefrorene Fische geräuchert.

Wer zudem nicht nur traditionell geräucherten, sondern auch regionalen Fisch haben möchte, greift zum Schleibückling. Dieser Fisch wird gewissermaßen vor der Haustür, also in der Schlei oder in der Eckernförder Bucht, gefangen.

Der Pannfisch kam auf den Tisch, wenn vom Vortag noch Fisch und Kartoffeln übrig waren.

PANNFISCH MIT BRATKARTOFFELN UND

Bratkartoffeln

450 g festkochende Pellkartoffeln, gegart und abgekühlt (z. B. Bamberger Hörnchen)

2 bis 3 Zwiebeln (ca. 120 g)

80 g Traubenkernöl

40 g Butter

Salz und weißer Pfeffer aus der Mühle

Pannfisch

1 Zitrone

1 kleine Schalotte

Salz und weißer Pfeffer aus der Mühle

480 g Fischfilet, z. B. Kabeljau, Köhler, Schellfisch

etwas Butter

50 ml Weißwein

Senfsauce

1 Schalotte

1 Roma-Fleischtomate

15 g Schnittlauch

15 g Kerbel

10 g Dill

30 g Butter

100 ml Weißwein

150 ml Fischfond

100 ml Sahne

40 g Pommery-Senf (siehe Einkaufstipps)

40 g scharfer Senf

50 g geschlagene Sahne

Salz und weißer Pfeffer aus der Mühle

Bratkartoffeln

Die Pellkartoffeln pellen und in Scheiben schneiden. Die Zwiebeln schälen und in Streifen schneiden. Das Öl in der Pfanne erhitzen und die geschnittenen Kartoffeln goldbraun und knusprig braten. Zwiebeln hinzufügen und mitbraten. Mit Salz und Pfeffer würzen.

Senfsauce

Die Schalotten schälen und in feine Würfel schneiden. Die Tomate waschen, kreuzweise einschneiden und mit kochend heißem Wasser überbrühen. Die Schale abziehen, die Kerne entfernen und die Tomate würfeln. Die Kräuter waschen und trocken schütteln, den Schnittlauch in feine Ringe und den Kerbel mittelfein hacken. Den Dill abzupfen.

In einer Pfanne die Butter erhitzen, darin die Schalottenwürfel anschwitzen. Mit Weißwein ablöschen und fast vollständig reduzieren lassen. Den Fischfond zugeben und die Flüssigkeit bis zur Hälfte einkochen lassen. Die Sahne sowie die beiden Senfsorten zufügen und kurz erhitzen. Die Kräuter zugeben und mit dem Stabmixer aufschäumen. Gegebenenfalls mit Salz und Pfeffer abschmecken. Zum Schluss die geschlagene Sahne unterrühren und die Sauce leicht marmorieren.

SENFSAUCE

Pannfisch

Die Zitrone halbieren und auspressen. Die Schalotte schälen und fein würfeln. Die Fischfilets mit Salz und Pfeffer würzen und von beiden Seiten mit Zitronensaft beträufeln und trocken tupfen. Etwas Butter in einem Topf erhitzen, darin die Schalottenwürfel anschwitzen. Mit Weißwein und etwas Wasser ablöschen, den Fisch hineinlegen und mit geschlossenem Deckel 3 bis 5 Minuten dämpfen. Bei Bedarf warm stellen.

Anrichten

Die Bratkartoffeln und die Zwiebeln auf vorgewärmte Teller verteilen, die Fischstücke darauf anrichten und die Sauce extra dazu reichen.

DER PANNFISCH MUSS IMMER SEINEN SENF DAZUGEBEN

Resteessen klingt etwas unwürdig und wird dem Pannfisch längst nicht mehr gerecht. Immerhin handelt es sich hierbei um ein weit über die Stadtgrenzen hinaus bekanntes Hamburger Traditionsgericht. Aber es hilft nichts, es ist, was es ist: ein ehemaliges Vernunftessen, das nicht im Luxus geboren wurde, sondern wie viele regionale Spezialitäten aus bescheidenen Verhältnissen stammt. Der Pannfisch kam auf den Tisch, wenn vom Vortag noch Fisch und Kartoffeln übrig waren. In klassischen Rezepten wurden Fischstücke in Brühe gegart, mit Bratkartoffeln in der Pfanne vermengt und mit einer dicken, mit Mehl gebundenen Senfsauce angerichtet, die oftmals den Geschmack der Fischreste überdecken musste.

„Pann" ist plattdeutsch und heißt Bratpfanne. Das Rezept findet sich allerdings schon früh außerhalb der norddeutschen Region, zum Beispiel etwas abgewandelt in einem Berliner Kochbuch von 1866. Die einst berühmte Autorin Sophie Wilhelmine Scheibler (1793–1815) nahm es in ihr Werk „Deutsches Kochbuch für alle Stände oder gründliche Anweisung" auf. Sie bereitete den Pannfisch mit Stockfisch zu, einen durch Trocknen haltbar gemachten Fisch, meist Kabeljau. Dieser musste zunächst gewässert und gekocht werden, bevor er fein gehackt mit Zwiebeln in Butter geschwenkt wurde. Scheibler vermengte den Fisch auch nicht mit Bratkartoffeln, sondern mit buttrigem Kartoffelpüree. Senf kommt in ihrem Rezept überhaupt nicht vor.

Auch heute gibt es viele Variationen: Mal bekommt der Fisch eine krosse Panade, mal wird er in Mehl gewendet und gebraten oder nur gedämpft. Einige schneiden das Filet in Stücke, andere lassen es ganz und richten es auf den Kartoffeln an. Und erst die Sauce! Den Geschmack beeinflussen nicht nur die vielen verschiedenen Senfsorten, sondern auch die Basis: Eine mit Mehl gebundene Sauce schmeckt anders als eine mit Weißwein, Fond und Sahne gekochte.

Heute wird sicherlich kein übrig gebliebener Fisch mehr verwendet, sondern ausschließlich beste, frische Ware. Die Zeit hat dem Gericht also gutgetan: Der Fisch hat sich gemausert.

Zubereitungstipps

- Den Senf für die Sauce erst kurz vor dem Servieren zugeben. Wird er länger erhitzt, verflüchtigen sich die ätherischen Öle, und er verliert seine Finesse.
- Schneiden Sie die Kartoffeln in möglichst gleich große Scheiben, damit sie gleichmäßig bräunen.

Einkaufstipp

Pommery-Senf ist eine körnige französische Senfmischung, die Sie im gut sortierten Supermarkt erhalten oder im Internet bestellen können. Überlegen Sie sich, wie viel Schärfe Sie und Ihre Gäste vertragen, und stellen Sie die Senfsorten entsprechend zusammen.

Im Großen Plöner See leben zahlreiche Fische, unter anderem Aale, Barsche, Brassen, Hechte, Karpfen, Schleie, Maränen. Und eben Zander.

PLÖNER ZANDER AUF SCHWARZWURZELN

Schwarzwurzeln

1 Zitrone

1 kg Schwarzwurzeln

2 Schalotten

1/4 Bund Kerbel

250 ml Sahne

30 g Traubenkernöl

Salz und weißer Pfeffer aus der Mühle

Fisch

400 g Zanderfilet

Salz und weißer Pfeffer aus der Mühle

60 g Traubenkernöl

Garnitur

Einige Kerbelspitzen

Abgezogene Kischtomaten

Vorbereitung für die Schwarzwurzeln

Die Zitrone auspressen und mit etwas Wasser in eine Schüssel geben. Die Schwarzwurzeln gründlich waschen und abschrubben, schälen und in das Zitronenwasser legen. Bei der Verarbeitung Handschuhe tragen, weil der austretende Milchsaft abfärbt. Die Schwarzwurzeln schräg in 2 mm breite und 3 bis 4 cm lange Stücke schneiden. Die Schalotten abziehen und in feine Würfel schneiden. Vom Kerbel einige Spitzen für die Garnitur abzupfen, das übrige Kraut fein schneiden. Die Sahne steif schlagen.

Das Traubenkernöl in einem Topf erhitzen, die Schalottenwürfel darin anschwitzen. Die Schwarzwurzeln zugeben. 150 ml Wasser dazugießen, alles mit Salz und Pfeffer würzen und abgedeckt etwa 3 bis 4 Minuten bei mittlerer Hitze garen. Evtl. etwas Flüssigkeit nachgeben. Zwei gehäufte EL der geschlagenen Sahne abnehmen und beiseitestellen. Anschließend nach und nach die restliche geschlagene Sahne unterrühren und die Schwarzwurzeln weitere 2 bis 3 Minuten garen. Den geschnittenen Kerbel und die übrige Sahne zugeben und so verrühren, dass alles marmoriert ist. Noch einmal mit Salz und Pfeffer abschmecken.

Zander

Die Zanderfilets von beiden Seiten mit Salz und Pfeffer würzen und mit einem Tuch vorsichtig abtupfen. In einer Pfanne das Traubenkernöl erhitzen und bei mittlerer Hitze die Filets zuerst auf der weißen Seite 2 Minuten braten, dann wenden und 4 bis 5 Minuten von der Hautseite braten. Dabei jeweils den Fisch mit einer Palette platt drücken, weil er sich sonst wölbt, und die Pfanne während des Bratens in Bewegung halten.

Anrichten

Den Zander auf vorgewärmte Teller verteilen, die Schwarzwurzeln daneben anrichten. Mit Kerbelspitzen und nach Belieben mit abgezogenen, geschmorten Kirschtomaten garnieren und sofort servieren.

Zubereitungstipps

- Legt man die Schwarzwurzeln nach dem Schälen in Zitronenwasser oder Klößweiß (Knödelhilfe), bleiben sie weiß.
- Lagern Sie Schwarzwurzeln immer kühl und dunkel, da sie sehr schnell austreiben.
- Wichtig ist, die Schwarzwurzeln nur kurz in der eigenen Flüssigkeit gar zu ziehen, damit der Eigengeschmack erhalten bleibt.

Einkaufstipp

Die Stangen der Schwarzwurzeln sollten fest und nicht zu gebogen sein und wenige Auswüchse haben, damit das Schälen und Weiterverarbeiten leichter fällt. Dünne Wurzeln sind zudem viel zarter als allzu dicke.

EIN SEESTÜCK AUS DEN BERGEN

Norddeutsche Angler zieht es in die Schweiz – in die Holsteinische Schweiz, um genau zu sein. So heißt die hügelige Region zwischen Kiel und Lübeck im Osten Schleswig-Holsteins. Sie ist ein beliebtes Urlaubsziel mit einer abwechslungsreichen Landschaft. Ihre Hügel sind zwar nicht die Alpen, dafür hat die Holsteinische Schweiz einen weitläufigen Naturpark mit Wäldern, Ackerflächen, Knicks und zahlreichen Seen – ein Paradies für Hobbyfischer. Diese Gewässer, allen voran der Große Plöner See, beherbergen zahlreiche Fische, unter anderem Aale, Barsche, Brassen, Hechte, Karpfen, Schleie, Maränen. Und eben Zander.

Ihren Namen hat die Holsteinische Schweiz einem Geschäftsmann namens Johannes Janus zu verdanken, der seinerzeit mehr Touristen in diese Gegend locken wollte. 1885 eröffnete er am Kellersee in Malente ein für damalige Verhältnisse großzügiges, luxuriöses Hotel, das er „Holsteinische Schweiz“ nannte. Zwar wurde auch vorher schon mit dem Wort „Schweiz“ gespielt – das kleine Land war im 19. Jahrhundert ein beliebtes Reiseziel jener, die es sich leisten konnten. Aber nie mit solcher Konsequenz: Als vor dem Hotel eine Bahnstation eingerichtet wurde, soll Janus durchgesetzt haben, dass diese ebenfalls „Holsteinische Schweiz“ heißt. Das Hotel gibt es längst nicht mehr. Der Name aber blieb und steht heute für die gesamte Region.

Als Alternative zu Kapern können Sie die Knospen der Sumpfdotterblume, des Löwenzahns und der Kapuzinerkresse nehmen.

GRÜNER HERING

Fisch

40 g Schalotten

8 ganze frische Heringe, küchenfertig

30 g Mehl

80 g Traubenkernöl

4 Zitronen

40 g Kapern (Nonpareilles, siehe Einkaufstipps)

80 g Butter

20 g glatte Petersilie

Salz und weißer Pfeffer aus der Mühle

Garnitur

Einige Spitzen von glatter Petersilie

Beilage

Salzkartoffeln

Vorbereitung

Die Schalotten abziehen und in feine Würfel schneiden. Die Petersilie waschen und trocken schütteln, die Blätter abzupfen und fein hacken. Die Zitronen vorsichtig schälen (siehe Zubereitungstipps) und in feine Scheiben schneiden. Zitronenkerne entfernen. Die Scheiben beiseite legen und warm stellen, damit sie später nicht kalt sind, wenn sie auf den Fisch gelegt werden. Die Kapern abspülen und grob schneiden.

Die Heringe abspülen und trocken tupfen. Mit Salz und Pfeffer würzen und kurz in Mehl wenden, überschüssiges Mehl abklopfen. Das Öl in einer Pfanne erhitzen und die Heringe von jeder Seite jeweils etwa 3 bis 4 Minuten kross und gar braten.

Sauce

In einer Pfanne die Butter erhitzen und leicht bräunen. Schalottenwürfel und Kapern zugeben, kurz anschwitzen und die Petersilie unterrühren.

Anrichten

Die gebratenen Heringe auf die Teller verteilen. Zitronenscheiben auf den Fisch legen, die Schalotten-Kapern-Butter vorsichtig darüber verteilen. Mit den Petersilienspitzen garnieren.

Zubereitungstipp

Die Zitronen vom Strunk her so anschneiden, dass das Fruchtfleisch intakt bleibt. Nun lässt sich mit einem stumpfen Löffelstiel die Zitronenschale in ganzen Stücken vom Fruchtfleisch ablösen, ohne es zu verletzen.

Einkaufstipp

Dass die kleinsten Kapern die feinsten sind, hat sich als Faustregel durchgesetzt. Eine andere besagt, dass gute Kapern aller Größen fest sein müssen. Südfrankreich, das neben Spanien und den nordafrikanischen Ländern Hauptproduzent ist, setzt hier die Maßstäbe:

- Nonpareilles (die „Unvergleichlichen"): sind die kleinste Sorte. In Italien heißen sie „occio die pernice".
- Surfines, Fines, Mifines: größere bis große Sorten.
- Capucines, Capotes (italienisch capperoni): Diese Kapern sind 5- bis 6-mal so groß wie Nonpareilles.
- Communes: etwa 10-mal so groß wie Nonpareilles. Als Alternative zu Kapern können Sie die Knospen der Sumpfdotterblume, des Löwenzahns und der Kapuzinerkresse nehmen. Deren Geschmack ist ebenfalls herb, bitter, würzig und – je nachdem, ob sie in einer Essig- oder Salzlake konserviert wurden – säuerlich oder salzig.

Das „Silber der Meere", wie der Hering auch genannt wird, lebt in riesigen Schwärmen, mit Abertausenden von Tieren.

BRATHERING SÜSSSAUER

Heringe

8 grüne Heringe, küchenfertig und ohne Kopf (evtl. vom Fischhändler filetieren lassen)

Salz und weißer Pfeffer aus der Mühle

20 g Mehl

60 ml Traubenkernöl

Marinade

150 g rote Zwiebeln

250 g Zucker

500 ml Weißweinessig

7 g Salz

2 1/2 Lorbeerblätter

1 1/2 – 2 TL Senfkörner

1 1/2 – 2 TL Korianderkörner

5 weiße Pfefferkörner

5 g Wacholderbeeren

1 frische rote Chilischote (ganz)

Beilage

Bratkartoffeln

Heringe

Die Heringe von der Rückengräte befreien, falls sie noch nicht filetiert sind. Dafür vorn den Grätenansatz mit den Händen ablösen und die Gräten im Ganzen vorsichtig nach hinten ziehen. Kurz vorm Schwanzende die Gräte abschneiden. Heringe trocken tupfen, von beiden Seiten mit Salz und Pfeffer würzen und in Mehl wenden. Überschüssiges Mehl abklopfen. Öl in einer Bratpfanne erhitzen, die Heringe darin auf jeder Seite etwa 2 Minuten braten. Herausnehmen und abkühlen lassen.

Marinade

Die Zwiebeln schälen und in 1 mm breite Ringe schneiden. 250 ml Wasser mit dem Zucker, dem Essig, den übrigen Gewürzen und der ganzen Chilischote im Topf aufkochen und abkühlen lassen. Erst dann die Zwiebelringe hinzugeben. Die gebratenen und abgekühlten Heringe in die Marinade legen und mindestens 2 Tage darin ziehen lassen.

Anrichten

Die Bratheringe aus dem Fond nehmen und abtropfen lassen. Auf den Tellern verteilen und mit den Zwiebelringen garnieren. Krosse Bratkartoffeln dazu reichen.

Zubereitungstipp

Wenn Sie die Zwiebelringe in den abgekühlten Fond geben, behalten sie ihre rote Farbe.

DER SCHWARM: HERING IN ZWEI VERSCHIEDENEN VARIANTEN

In früheren Jahrhunderten ernährten sich die Hamburger und Küstenbewohner Norddeutschlands häufig von Fisch – und besonders häufig von Hering, weil der so preiswert war. Das „Silber der Meere", wie der Hering auch genannt wird, lebt in riesigen Schwärmen, mit Abertausenden von Tieren. In manchen Zeiten gab es in der Schlei und in der Elbe so viele Tonnen Fische, dass die Hausfrauen nur ihre Eimer ins Wasser zu halten brauchten, wird erzählt. Diese Heringsperioden haben die Menschen im Mittelalter vor manch einer Hungersnot bewahrt.

Eine besonders lange Heringsperiode, die grob gerechnet einmal pro Jahrhundert auftrat, dauerte von Mitte des 18. bis Anfang des 19. Jahrhunderts – rund 50 Jahre, in denen der Fisch einiges zum Wohlstand der Küstenbewohner beitrug: Die Menschen hatten Arbeit und verdienten gut, die Orte am Wasser blühten auf.

Da der Fisch so günstig war, galt er als Armeleutespeise. „Wäre der köstliche Hering teurer, würde er den Leuten besser schmecken", schrieb der französische Schriftsteller Alexandre Dumas im Jahr 1873. Später habe man den Satz Fürst Bismarck in den Mund gelegt, berichtet Rezeptforscherin Petra Foede in ihrem Buch „Wie Bismarck auf den Hering kam". Er hätte einfach gut gepasst (siehe Seite 31).

Nicht nur damals war der Hering beliebt – auch heute noch ist er einer der gefragtesten Speisefische. Kaum ein anderer lässt sich so vielseitig zubereiten. Früher wurde er vor allem gesalzen, eingelegt und geräuchert, oder frisch verzehrt, wenn möglich. Eine Reihe von Rezepten entstand mit der Zeit, von denen zwei hier vorgestellt werden: grüner Hering und Brathering.

Als grünen Hering bezeichnet man besonders frische Fische. Damit wollte man den Unterschied zu den bereits konservierten, meist gesalzenen Heringen betonen. Traditionell wird grüner Hering nur in Mehl gewendet und in Butter gebraten. Wenn er anschließend noch in eine milde Essigmarinade eingelegt wird, kommt er als Brathering auf den Teller, zwar kalt, aber mit knusprigen Bratkartoffeln als Beilage. Die dünnen Gräten werden durch das Einlegen zum Teil aufgelöst und können mitgegessen werden.

Inzwischen sind die Bestände im heimischen Gewässer längst nicht mehr so üppig wie damals. In den 60er- und 70er-Jahren brachen sie sogar so stark ein, dass die Heringsfischerei zwischen 1978 und 1982 verboten war. Ganz so schlimm ist es heute nicht mehr. In der Nordsee haben sich die Bestände weitgehend erholt – nicht aber in der Ostsee. Hier sinken sie beständig.

Der schlangenartige Fisch ist überall in Deutschland zu finden, wenn das Gewässer sauber genug ist.

AAL GRÜN MIT DILL UND SCHMORGURKEN

700 g frischer Aal, abgezogen
3/4 Bund Dill (45 g)
2 mittelgroße Zwiebeln (ca. 100 g)
50 g Lauch
50 g Sellerie
250 ml Sahne
40 g Butter
1 Lorbeerblatt
6 Wacholderbeeren
6 weiße Pfefferkörner
200 ml Weißwein
25 ml Weißweinessig
1/2 Zitrone
Salz und weißer Pfeffer

Schmorgurken

2 Salatgurken (ca. 900 g)
2 Schalotten
60 g Butter
Salz und weißer Pfeffer

Beilage

Salzkartoffeln

Aal und Dillsauce

Den Aal in 12 gleichmäßige Stücke schneiden. Vom Dill 12 Spitzen für die Garnitur abzupfen, das übrige Kraut fein schneiden. Die Zwiebeln abziehen und in mittelfeine Würfel schneiden. Den Lauch und den Sellerie putzen, waschen und in mittelfeine Stücke schneiden. Die Hälfte der Sahne steif schlagen.

Die Butter in einem Topf zerlassen und die Zwiebeln darin anschwitzen. Lauch, Sellerie, Dill und die Gewürze hinzufügen und kurz andünsten. Mit Weißwein ablöschen und fast vollständig reduzieren lassen. Die Aalstücke, den Essig und 200 ml Wasser dazugeben. Den Deckel aufsetzen und alles 15 bis 18 Minuten garen lassen. Den Aal herausnehmen und warm stellen. Den Fond durch ein feines Sieb gießen, erneut in den Topf geben und mit der flüssigen Sahne auf die Hälfte reduzieren lassen. Den geschnittenen Dill zugeben und alles aufkochen lassen. Die geschlagene Sahne unterheben und nochmals mit Zitronensaft, Salz und Pfeffer abschmecken.

Schmorgurken

Die Gurken schälen, vierteln, leicht entkernen und in 1 cm dicke und 5 cm lange Stücke schneiden. Die Schalotten abziehen und würfeln. Die Butter im Topf erhitzen und die Schalottenwürfel darin anschwitzen. Die Gurkenstücke und etwas Wasser zugeben, mit Salz und Pfeffer würzen und etwa 3 bis 4 Minuten abgedeckt bei niedriger Hitze dämpfen lassen. Zum Schluss erneut mit Salz, Pfeffer und dem geschnittenen Dill abschmecken.

Zubereitungstipps

- Der Aal sieht eleganter aus, wenn Sie erst die Gräte entfernen (lassen), bevor Sie ihn kochen.
- Den Dill nur schneiden, nicht hacken. Er wird sonst bitter.
- Schmorgurken bleiben nur etwa 5 Minuten schön grün. Daher ist es wichtig, zügig zu arbeiten und sie schnell zu servieren.

Einkaufstipp

Sehr große Gurken haben häufig ein großes Kerngehäuse. Kaufen Sie lieber etwas kleinere.

JA, WO SCHWIMMEN SIE DENN?

Lange Zeit haftete diesem Fisch etwas Geheimnisvolles an, nicht nur wegen seiner außergewöhnlichen Form, sondern weil er zum Laichen verschwand und Forscher lange nicht wussten, wohin er schwamm. Heute ist bekannt, wohin er abwandert: in die Sargassosee, zwischen den Bermudas und den westindischen Inseln, viele Tausend Kilometer entfernt von den Seen und Flüssen, in denen man ihn sonst antrifft.

Der schlangenartige Fisch ist überall in Deutschland zu finden, wenn das Gewässer sauber genug ist. Dort lässt er sich jedoch nur schwer fangen – Hobbyangler können sich glücklich schätzen, wenn sie einen erwischen. Der Aal ist nachtaktiv und schlängelt sich in der Regel nur am Boden entlang. Berufsfischer arbeiten daher mit Aalkörben, Aalsäcken und Schnüren. Dennoch: Die Menge, die sie hierzulande aus dem Wasser holen, deckt die Nachfrage in Deutschland nur zu fünf Prozent – der Rest wird importiert.

Meist wird er geräuchert angeboten, doch es gibt auch Gerichte mit frischem Aal. Eines davon ist Aal grün: gekochter Fisch mit einer hellen Kräutersauce, daher der Name grün. Dazu werden Salzkartoffeln und ein Gurkensalat oder, wie hier, Schmorgurken serviert. Eigentlich zählt es zu den Traditionsgerichten Berlins, die Sauce heißt eigentlich Spreewaldsauce, doch in Norddeutschland ist das Gericht ebenfalls schon lange verbreitet, auch unter dem Namen Grön Aal.

Die Muscheln sollten bei leichter Berührung sofort ihre Schalen schließen. Bleibt eine Muschel geöffnet, ist sie womöglich verdorben.

FÖHRER MUSCHELN

Muscheleintopf

160 g Möhren

160 g Sellerie

160 g Lauch (weißer und hellgrüner Teil)

160 g Zwiebeln

4 Knoblauchzehen

2 kg Pfahlmuscheln (Miesmuscheln)

1/4 Bund Kerbel (15 g) oder glatte Petersilie (25 g)

40 g Butter

1 Messerspitze Safran

2 Lorbeerblätter

600 ml Weißwein

Salz und Pfeffer aus der Mühle

300 ml Gemüsefond (Glas)

80 g Olivenöl

Beilage

Ciabatta

Muscheln

Das Gemüse waschen. Die Möhren schälen und schräg in Scheiben schneiden. Den Sellerie putzen, schälen und in mittelgroße Rauten schneiden. Den Lauch putzen, waschen und schräg in 0,5 cm dicke Scheiben schneiden. Zwiebeln und Knoblauch abziehen, die Zwiebeln in Streifen, den Knoblauch in feine Scheiben schneiden.

Die Miesmuscheln putzen, gründlich waschen und nicht geschlossene Muscheln aussortieren (siehe Zubereitungstipps). Für die Garnitur einige Kerbel- oder Petersilienspitzen abzupfen, das restliche Kraut mittelfein hacken.

In einem mittelgroßen Topf die Butter erhitzen, die Zwiebeln und den Knoblauch darin kurz anschwitzen. Möhren, Sellerie, Safran und Lorbeerblätter hinzufügen und kurz anrösten. Die Muscheln und den Lauch hineingeben. Mit Weißwein ablöschen und mit Salz und Pfeffer würzen. Den Gemüsefond hinzufügen, den Deckel aufsetzen und alles etwa 4 bis 5 Minuten garen, bis die Schalen der Muscheln sich geöffnet haben.

Kurz vor Ende der Garzeit den gehackten Kerbel bzw. Petersilie und das Olivenöl zugeben und den Muscheleintopf erneut mit Salz und Pfeffer abschmecken.

Anrichten

Die Muscheln auf vorgewärmte Teller verteilen und servieren. Ciabatta dazu reichen.

Zubereitungstipps

- Miesmuscheln sind sehr sandig, bitte besonders gründlich spülen.

- Entscheidend ist, dass die Muscheln vor der Zubereitung noch leben. Das ist daran zu erkennen, dass sie ihr Gehäuse geschlossen halten oder es schließen, sobald sie berührt werden oder man leicht gegen die Schale klopft. Entsorgen Sie jene, die geöffnet bleiben. Sie sind möglicherweise verdorben.

Einkaufstipp

- Bei Safran und Vanille kommt es sehr auf die Qualität an. Achten Sie auf gute Ware.

OHNE MOOS NIX LOS BEI DEN FÖHRER MUSCHELN

An den Miesmuscheln, die auch Blau- oder Pfahlmuscheln genannt werden, ist nichts Hinterhältiges oder Gemeines. Ihr Name leitet sich vielmehr vom mittelhochdeutschen „mies“ für Moos ab, wegen der moosartigen Haftfäden, mit denen sie sich auf Steinen und Pfählen festhalten. Sie leben in Gezeitenzonen in bis zu zehn Meter Tiefe, oft an Stellen mit starker Brandung, auf Sandbänken oder, wenn sie kultiviert werden, an Pfahl- und Treibgestellen, Matten und Seilen. An der deutschen Küste findet man sie im planktonreichen Wattenmeer der Nordsee – wenn man genau hinschaut, sind sie in der gesamten Küstenregion zu entdecken. Zahlreiche Zucht- oder Muschelbänke gibt es hier, etwa vor der Insel Föhr. Aus dieser Region stammt ein Großteil der im Handel erhältlichen Weichtiere. Sie werden aber auch aus Frankreich, Dänemark und den Niederlanden importiert.

Miesmuscheln sind fünf bis zehn Zentimeter lang und haben glatte, blauschwarze Schalen. Da sie viel Eiweiß, die Vitamine A, B1 und B2 sowie zahlreiche Mineralstoffe enthalten, dafür aber kaum Fett und wenige Kalorien, kann man sich die Delikatesse guten Gewissens schmecken lassen. Doch es gilt, vorsichtig zu sein: Verdorbene Muscheln können heftige Magen-Darm-Beschwerden auslösen. Daher sollten sie immer sehr frisch und lebendig sein, bevor sie in den Topf kommen. Bei aller Vorsicht kann es dennoch vorkommen, dass der Genuss von Miesmuscheln eine Vergiftung nach sich zieht, weil das Plankton, von dem sie sich ernähren, giftig war. Einige Menschen sind auch allergisch auf ihr Eiweiß, was ähnliche Beschwerden auslösen kann und manchmal verwechselt wird.

Um wirklich sicherzugehen, dass keine verdorbene Muschel auf den Teller gelangt, galt lange Jahre folgende Regel: Eine Muschel, die nach dem Kochen geschlossen bleibt, ist ebenfalls ungenießbar. Dass dies nicht stimmt, hat Nick Ruello, ein australischer Meeresbiologe, bewiesen. In 33 Tests über 32 Monate kochten und verspeisten sein Team und er kiloweise Muscheln. Nach dem Kochen blieben im Schnitt die Schalen von elf Prozent der Tiere geschlossen. Ruello öffnete sie mit einem Messer und stellte fest, dass sie einwandfrei waren. Wenn man das einmal hochrechnet – was für eine Verschwendung all die Jahrzehnte!

Die Finkenwerder Speckscholle hatte eine bedeutende Fischerei-Tradition, die bis ins Mittelalter hineinreicht.

FINKENWERDER SPECKSCHOLLE

Scholle

4 ganze Schollen oder 8 Maischollen, küchenfertig

1 Zitrone

Salz und weißer Pfeffer aus der Mühle

20 g Mehl

200 g magerer, mild geräucherter Speck, in 1 mm dünne Scheiben geschnitten

12 g glatte Petersilie

60 g Traubenkernöl

120 g Butter

Beilage

Salzkartoffeln

Finkenwerder Speckscholle

Die Schollen waschen und trocken tupfen. Die Zitrone halbieren und auspressen. Schollen mit Zitronensaft beträufeln und mit Salz und Pfeffer würzen, mit Küchentüchern von beiden Seiten gut trocken tupfen. Die Schollen von beiden Seiten in Mehl wenden, überschüssiges Mehl gut abklopfen.

Die glatte Petersilie waschen, trocken schütteln, die Blätter abzupfen und fein hacken. Den Speck halb schräg in 0,5 cm breite Streifen schneiden. Die Speckstreifen mit heißem Wasser übergießen und gut abtropfen lassen oder trocken tupfen.

In einer Pfanne das Öl erhitzen, die Schollen portionsweise 3 Minuten auf der weißen Seite goldgelb braten, dann wenden und weitere 3 Minuten braten. Während des Bratens etwas Butter zugeben und die Schollen mit dem Bratfett immer wieder begießen. Fertige Schollen herausnehmen und warm halten. Die restliche Butter in der Pfanne erhitzen, die Speckstreifen darin langsam bei mittlerer Hitze knusprig braten. Die Temperatur ist genau richtig, kurz bevor die Butter braun wird.

Anrichten

Die Schollen auf die Teller geben, die schäumende Butter mit dem Speck darüber verteilen und mit Petersilie bestreuen. Die Salzkartoffeln mit anrichten oder extra servieren.

Einkaufstipps

- Schollen bekommen Sie das ganze Jahr über. Besonders empfehlenswert im Frühjahr sind Maischollen. Sie sind nicht etwa besonders groß, sondern eher klein, sehr zart und saftig. Rechnen Sie daher zwei pro Person.
- Der Speck sollte nicht zu stark geräuchert sein, sonst übertönt er den Geschmack der Scholle.

Zubereitungstipps

- Wenn Sie mehrere Gäste bekochen, können Sie die Schollen 1 Stunde vorher kurz von beiden Seiten wie beschrieben anbraten, auf gebutterte Backbleche legen und kurz vor dem Servieren im Backofen bei 200 °C (Umluft) etwa 8 Minuten fertig braten.
- Der Speck wird beim Braten noch milder, wenn Sie ihn vorher mit heißem Wasser übergießen. Gut abtupfen, sonst spritzt es in der Pfanne.
- Die Speckbutter sieht besonders appetitlich aus, wenn sie beim Übergießen der Schollen noch leicht schäumt.

Finkenwerder Scholle

Für 4 Personen:
4 Schollen (je etwa 400 g), Salz & Pfeffer, 150 g Speck, 1 größere rote Zwiebel, 1/4 Bund Petersilie, 2 EL Mehl, 5 EL Öl, 2 EL Butter, 1-2 EL Zitronensaft

1. Schollen waschen, Kopf und Flossensaum abschneiden. Auch weiter innen alle Gräten entfernen. Das Fleisch auf der dunklen Seite mehrmals schräg einschneiden. Danach salzen u. pfeffern.
2. Vom Speck Schwarte und Knorpel entfernen. Dann würfeln oder in Scheiben schneiden. Zwiebel schälen und würfeln. Petersilie waschen und fein hacken.
3. Schollen in Mehl wenden. Öl in zwei Pfannen heiß werden lassen und Schollen mit der dunklen Seite nach unten hineinlegen. Bei mittlerer Hitze 6 Minuten braten, umdrehen und noch einmal 4 Minuten braten.
4. Nach der Hälfte der Bratzeit in der anderen Pfanne den Speck mit den Zwiebelwürfeln und einem EL Butter erhitzen. Unter Rühren braten, bis der Speck knusprig ist. Petersilie kurz mitbraten. Die übrige Butter mit dem Zitronensaft untermischen.
5. Schollen auf vorgewärmte Teller legen und den Speck darüber verteilen. Dazu passt ein pikanter Kartoffelsalat oder Bratkartoffeln.

Leserrezept

Das Rezept stammt von Maren Wallraf.

DER MAI IST GESCHWOMMEN

Die Finkenwerder Scholle, wahlweise auch Finkenwerder Speck-, Kutter- oder Ewerscholle genannt, kennt man weit über Hamburgs Grenzen hinaus. Die gebratene Spezialität ist nach dem Stadtteil am Südufer der Elbe benannt, wo heute Airbus Deutschland seinen Hauptsitz hat. Lange bevor sich die Flugzeugindustrie hier niederließ, lebten die Menschen dort von der Landwirtschaft und der Fischerei. In diesem Gericht ist beides vereint: der Speck der Bauern und die Scholle der Fischer.

Finkenwerder hatte eine bedeutende Fischereitradition, die bis ins Mittelalter reicht. Die Elbfischer belieferten ganz Hamburg mit frischen Meerestieren, vor allem mit Schollen, denn die Fischer fuhren raus bis zur Nordsee. Der Plattfisch lebt in Schwärmen in den Küstengebieten, vorwiegend über Sand- und Schlickgrund in Tiefen von 1 bis 200 Metern. Die Namen Kutterscholle und Ewerscholle erinnern noch an diese Tradition: Ewer heißt ein Schiffstyp, mit dem die Fischer ausfuhren. Daneben gibt es eine weitere lokale Spezialität, die mit der Finkenwerder Scholle nicht zu verwechseln und längst nicht so bekannt ist: „Dreught Fisch“ oder „Finkenwerder Trockenscholle“. Wie der Name schon sagt, handelt es sich hierbei um gesalzene und getrocknete Schollen.

Maischollen heißen übrigens so, weil sie im Frühjahr gefangen werden. Im Mai beginnt die Fangsaison. Das Fleisch dieser Fische gilt als besonders zart und schmackhaft. Das hat folgenden Grund: Von Januar bis April laichen die Schollen, und da das anstrengend ist für die Tiere, schmeckt ihr Fleisch zu dem Zeitpunkt entsprechend fade und ausgelaugt. Erst ab Mai verbessert sich die Qualität. Noch besser sind sie allerdings etwas später, im Juni und Juli. Warum nun ausgerechnet die Maischolle so beliebt ist, liegt vermutlich an den damaligen Umständen: Die Fischer fuhren meist erst nach den Frühjahrsstürmen ab Ende April wieder raus in die Nord- und Ostsee. Und die Maischolle war die erste Scholle nach einem langen Winter.

Traditionell gehört
zum Matjes in Hamburg
ein Helbing Kümmel.

MATJESFILETS

MIT GRÜNEN BOHNEN UND SPECKSTIPPE

Matjes

1 kleine rote Zwiebel

8 Stück Matjes-Doppelfilets

Schneidebohnen

500 g Schneidebohnen

1/2 Bund Bohnenkraut

20 g Butter

Salz und weißer Pfeffer aus der Mühle

Speckstippe

100 g Speck, in 1 mm dünne Scheiben geschnitten

100 g Zwiebeln

80 g Butter

Kartoffeln

240 g neue Kartoffeln

Matjes

Die rote Zwiebel schälen und in feine Ringe schneiden. Die Matjes-Doppelfilets auseinanderlegen.

Schneidebohnen

Die Schneidebohnen waschen, putzen, der Länge nach dritteln, sodass etwa 6 bis 7 cm lange Stifte entstehen, und diese in 3 mm breite Streifen schneiden. In kochendem Salzwasser 3 bis 4 Minuten blanchieren, in Eiswasser abschrecken und abtropfen lassen. Vom Bohnenkraut einige Spitzen abzupfen, den restlichen Teil fein schneiden. Butter und etwas Wasser in einen Topf geben und erhitzen, die Bohnen hineingeben, mit Salz und Pfeffer würzen und in ca. 4 Minuten gar dünsten. Zum Schluss das Bohnenkraut unterrühren.

Speckstippe

Den Speck und die Zwiebeln in feine Würfel schneiden. Die Speckwürfel in der Butter kross braten, dann die Zwiebelwürfel zugeben und fertig garen.

Neue Kartoffeln

Neue Kartoffeln gründlich waschen, mit der Schale in Salzwasser kochen, abgießen und ausdampfen lassen. Bei Bedarf pellen, dann mit oder ohne Schale schräg halbieren.

Anrichten

Je zwei Matjes-Doppelfilets auf vier kalte Teller verteilen, die Bohnen und die Kartoffeln daneben anrichten. Die Speckstippe auf die Bohnen geben und servieren.

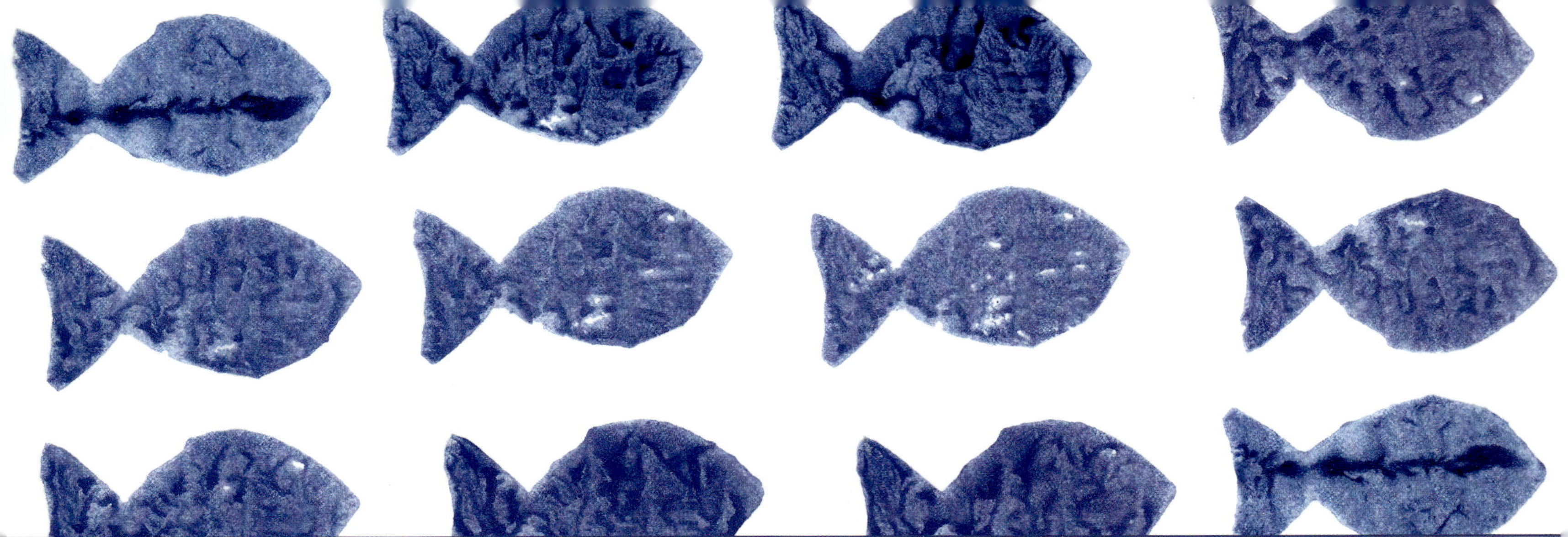

Zubereitungstipps

- Einfache Salzheringe mit einem Salzgehalt von über 20 Prozent sollten vor dem Verzehr gewässert werden. Beim Matjes, der maximal fünf Prozent Salz enthält, brauchen Sie nicht auf diese Technik zurückzugreifen.
- Wenn Sie die Schneidebohnen sofort verwenden, brauchen Sie sie nicht vorher zu blanchieren. Es reicht, die Bohnen mit etwas Butter und 100 ml Wasser in einem abgedeckten Topf etwa 4 Minuten zu dämpfen. Wichtig ist dann aber, dass sie gleichzeitig mit den Kartoffeln gar sind und nicht lange liegen bleiben, sonst verlieren sie an Farbe.

Einkaufstipps

- Bei Matjes sollten Sie grundsätzlich darauf achten, dass die Filets maximal 18 cm lang sind, inklusive Kopf und Schwanz. Nur so können Sie sicher sein, dass der Fisch noch jung ist und nicht gelaicht hat. Oft werden größere Fische verkauft. Wenn Sie das Doppelfilet aufklappen, sollte in der Mitte ein leicht rosafarbener Ton zu erkennen sein.
- Traditionell gehört zum Matjes in Hamburg ein Helbing Kümmel. Das ist ein etwas lieblicher Schnaps.

MATJES, DIE JUNGFRAU VOM NACHBARLANDE

So viel muss man dem ewigen Rivalen von nebenan zugestehen: Der Matjes ist ursprünglich eine niederländische Spezialität. Dass sie überhaupt eine werden konnte, ist Willem Beukelzoon zu verdanken – und dem Zufall. Denn der holländische Fischer aus Biervliet erfand 1395 die „Zubereitungsart" des Matjes eher aus Versehen: Er schnitt die frisch gefangenen Heringe noch an Bord unterhalb des Mauls zwischen den Kiemenbögen auf – man nennt das Kehlschnitt – und entfernte die Eingeweide. Anschließend legte er sie in ein Eichenfass mit Salzlake, um sie länger haltbar zu machen. Zufall oder nicht: Die Bauchspeicheldrüse und Teile des Darms blieben im Fisch. Die Bauchspeicheldrüse enthält spezielle Enzyme, die den Fisch zusammen mit dem Salz fermentieren. Man sagt dazu auch Reifung, ein Prozess, der den Fisch bekömmlicher macht. Beukelzoon mag ein erfahrener Fischer gewesen sein; dass er sich im 14. Jahrhundert bereits mit Enzymen auskannte, ist eher unwahrscheinlich – sie wurden erst 1833 entdeckt.

Manche sagen, Matjes würde sich von dem niederländischen Wort „Meisjes" für Mädchen ableiten. Andere meinen, der Begriff sei auf „maagdekensharing" zurückzuführen, was so viel wie Jungfernhering oder jungfräulicher Fisch bedeutet. Und in einer dritten Variante soll „Maatjes" der Ursprung sein, was Kumpel oder Freunde heißt. Denen sollen die Fischer die Delikatesse von ihrer Reise mitgebracht haben.

Nur ein „jungfräulicher" Hering kann zum Matjes werden, also ein Fisch, der noch nicht geschlechtsreif ist und sich im Frühjahr vor dem Laichen reichlich Fett angefuttert hat. Sein Fleisch ist besonders zart. Die Heringe werden Ende Mai bis Anfang Juni in der Nordsee gefangen, dann einige Tage eingelegt. In Norddeutschland hat sich über die Jahre eine eigene Tradition entwickelt, vor allem in Emden und in Glückstadt, der einzigen deutschen Stadt, in der noch echter Matjes produziert wird. Aber welcher ist besser: der deutsche oder der niederländische? Wer es salzig mag, sollte deutschen Matjes kaufen – die meisten mögen lieber den milderen aus den Niederlanden.

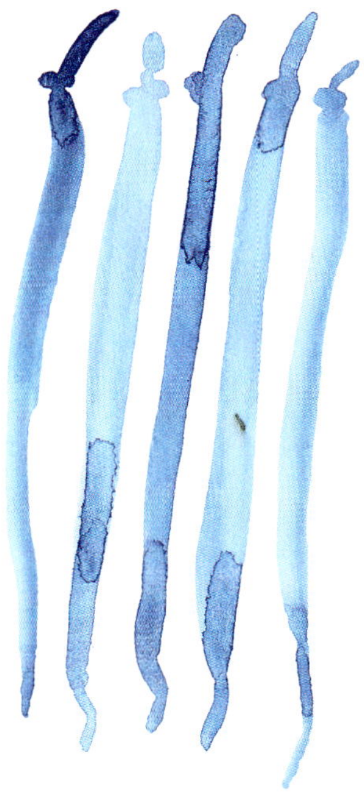

Eine klassische Senfbutter schmeckt richtig zubereitet auch bei modernen Gerichten.

GEKOCHTER SCHELLFISCH

MIT HAMBURGER SENFBUTTER

Schellfisch

4 Kotelettstücke vom Schellfisch à 280 g bis 320 g

Saft 1 Zitrone

Salz und weißer Pfeffer aus der Mühle

2 Schalotten

2 Lorbeerblätter

4 Nelken

Hamburger Senfbutter

180 g Butter

60 g Pommery-Senf (siehe Seite 56)

30 g Löwensenf

30 g normaler Senf

Sauce

150 ml weiße Fischsauce (siehe Grundrezepte Seite 220)

60 g Sahne

Beilage

Salz- oder Pellkartoffeln

Schellfisch

Den Fisch waschen, abtrocknen und in 4 gleichmäßige Portionen schneiden. Die Bauchlappen nach innen legen und mit einem Faden verschnüren. Die Fischpakete mit Zitronensaft beträufeln, mit Salz und Pfeffer würzen. Die Schalotten längs einschneiden, jeweils ein Lorbeerblatt in den Schnitt legen und mit je 2 Nelken fixieren. In einem mittelgroßen Topf 1,5 l Salzwasser mit den gespickten Schalotten erhitzen. Die Schellfischstücke hineingeben, kurz aufkochen und etwa 10 bis 12 Minuten garen lassen.

Senfbutter

Die verschiedenen Senfsorten vermischen. Die Butter in einer Pfanne leicht erhitzen und braun werden lassen. Die Senfmischung dazugeben und leicht abrösten.

Sauce

Die Fischsauce erhitzen und mit dem Stabmixer aufschäumen. Die Sahne steif schlagen und unterheben, sodass die Sauce marmoriert ist.

Anrichten

Den Fisch aus dem Topf nehmen und auf vorgewärmte Teller verteilen. Ein wenig Sauce über dem Fisch verteilen, den Rest in einer Sauciere dazu reichen. Etwas Senfbutter über dem Fisch verteilen, nach Belieben die Kartoffeln mit anrichten oder extra servieren.

Zubereitungstipps

- Der Schellfisch ist recht mager, deswegen legt man ihn in heißes Wasser, damit er nicht auslaugt und an Eigengeschmack verliert.
- Bei der Senfbutter ist die Temperatur der Butter entscheidend: Ist die Pfanne zu heiß, verbrennt die Senfmischung. Die Farbe der Butter sollte hellbraun und goldgelb, nicht dunkelbraun sein. Sie sollte noch leicht schäumen, wenn sie über den Fisch gegeben wird. Das ist auch optisch reizvoll.

Einkaufstipp

- Den Schellfisch können Sie beim Fischhändler vorab portionieren lassen. Die Stücke sollten jeweils etwa 5 cm dick sein.

BUTTER BEI DIE FISCHE

Der Schellfisch zählt wie der Kabeljau zu den dorschartigen Fischen, und rein äußerlich ähnelt er seinem engen Verwandten auch sehr. Er hat ebenfalls eine dreigeteilte Flosse und einen auffällig schwarzen Streifen, der sich vom Kiemen bis zur Schwanzflosse zieht. Anders als der Kabeljau ist er aber kein Raubfisch und Einzelgänger, sondern ein friedlicher Zeitgenosse, der am liebsten in Schwärmen lebt. Seine Heimat sind vor allem die Nord- und Ostsee sowie der Nordatlantik, in 40 bis 300 Meter Tiefe über schlammigem Boden ernährt er sich von Würmern, Muscheln, Krebsen und Jungfischen. In Europa werden jedoch auch Fische verkauft, die aus Beständen an der Ostküste Nordamerikas stammen.

In Deutschland ist er nicht ganz so beliebt wie der Kabeljau, aber immer noch sehr gefragt, weil er mageres und dabei helles, zartes Fleisch hat. Meist wird er gedünstet oder gekocht und mit flüssiger Butter gereicht, doch richtig gebraten schmeckt er auch. Geräuchert gilt er als Delikatesse.

Beim Köhler darauf achten, dass er nicht zu groß ist. Kleinere Fische haben helleres, weniger graues Fleisch nach dem Dämpfen und sehen eleganter aus.

KÖHLER MIT STECKRÜBEN

Steckrüben

600 g Steckrüben

200 g Möhren

2 Schalotten

½ Bund glatte Petersilie

½ Zitrone (Saft)

Salz und weißer Pfeffer aus der Mühle

60 g Butter

300 ml Geflügelfond

frische Muskatnuss

200 g saure Sahne

Fisch

440 g Köhlerfilet (Seelachs)

Vorbereitung

Die Steckrüben und Möhren putzen und schälen, auf einer Reibe grob hobeln. Die Schalotten abziehen und in feine Würfel schneiden. Von der Petersilie einige Spitzen für die Garnitur abzupfen, den Rest fein hacken.

Das Köhlerfilet abspülen, trocken tupfen und in 8 gleich große Stücke schneiden. Die Zitrone auspressen. Den Fisch damit beträufeln, mit Salz und Pfeffer würzen und mit Küchenpapier trocken tupfen.

Steckrüben und Fisch

Butter in einem kleinen Topf erhitzen, die Schalottenwürfel darin anschwitzen. Gehobelte Möhren und Steckrüben zugeben. Etwas Geflügelfond hinzufügen, das Gemüse mit Salz, Pfeffer und Muskatnuss würzen, anschließend etwa 1 Minute garen lassen. Die Filetstücke auf das Gemüse legen und 3 bis 4 Minuten mitgaren lassen. Den Fisch aus dem Topf heben und kurz beiseitestellen. Die gehackte Petersilie unter das Gemüse rühren und alles mit Salz, Pfeffer und Muskatnuss abschmecken.

Anrichten

Die Steckrüben gleichmäßig auf vorgewärmte Teller verteilen, jeweils 2 Filetstücke darauf legen. Zum Schluss etwas glatt gerührte saure Sahne in Kreisen über das Gericht ziehen. Die Petersilienspitzen auflegen und servieren.

Zubereitungstipps

- Den Fisch und das Gemüse können Sie in einem Topf kochen. Beachten Sie aber die Garzeiten: erst die Schalotten, dann die Möhren und die Steckrüben und zuletzt den Köhler obenauf legen. Anschließend alles gemeinsam garen lassen.
- Wenn Sie das Gericht dämpfen, legen Sie den Deckel immer wieder so schnell wie möglich auf den Topf, nachdem Sie neue Zutaten hinein gegeben haben. Dann verdunstet nicht zu viel Flüssigkeit, und der Geschmack der einzelnen Zutaten wird intensiver.

NENN MICH NICHT LACHSERSATZ!

Außer Fischern und Anglern kennt kaum jemand den echten Namen dieses Fisches: Er heißt Köhler, doch den meisten Verbrauchern ist er als Seelachs geläufig. Diesen irreführenden Namen hat er der Fischindustrie zu verdanken, die meinte, er sei so besser zu vermarkten. Früher wurde sein festes Fleisch rot eingefärbt und geräuchert als Lachsersatz verkauft.

Dabei ist der Köhler gar kein Lachs, sondern eng verwandt mit dem Kabeljau. Er zählt zu den dorschartigen Fischen und lebt vorwiegend im nördlichen Atlantik, in den Gewässern um Island, Spitzbergen und Norwegen. In der Nordsee ist er auch zu finden.

Noch heute zählt der Köhler zu den beliebtesten Fischen in Deutschland. Womöglich, weil er wie kein anderer für Tiefkühlprodukte wie Fischstäbchen oder Schlemmerfilets eingesetzt wird – die Industrie liebt ihn. Als frisches Filet ist er weniger gefragt; sein Fleisch ist nicht so weiß wie das manch anderer Fische, sondern leicht grau. Doch es lohnt sich, den authentischen Köhler kennenzulernen. Er schmeckt sehr aromatisch.

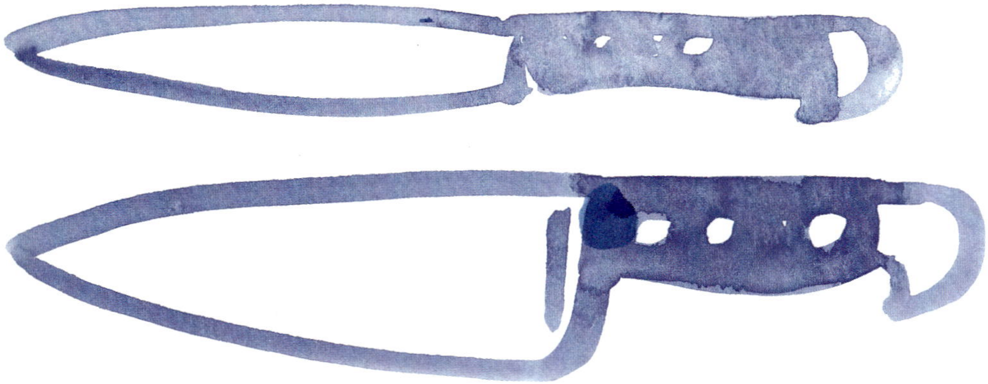

FLEISCH

Einige Regionen Norddeutschlands betreiben einen regelrechten Kult um das deftige Gericht: Öffentliche Grünkohlessen sind jährlich stattfindende Rituale.

GRÜNKOHL

MIT DREIERLEI PINKEL UND SCHWEINEBACKE

Rauchfond

200 g Suppengrün (Sellerie, Lauch, Möhren)

400 g Schweinebacke

1 Lorbeerblatt

Salz und weißer Pfeffer aus der Mühle

Würste

4 Oldenburger Pinkel

4 Bremer Pinkel

4 Kochwürste

Grünkohl

600 g frischer Grünkohl, geputzt ca. 520 g

2 kleine Zwiebeln (ca. 80 g)

80 g magerer Speck, in dünne Scheiben geschnitten

60 g Butter

Salz und weißer Pfeffer aus der Mühle

Kartoffeln

260 g kleine, süße Moorkartoffeln (z. B. Drillinge)

etwas Kümmel, ganz

50 g Butter

Salz und weißer Pfeffer aus der Mühle

Rauchfond

Das Suppengrün waschen, putzen oder schälen und zusammenbinden. Die Schweinebacke mit dem Suppengemüse, dem Lorbeerblatt sowie Salz und Pfeffer in 1 l Wasser aufkochen und etwa 1,5 Stunden köcheln lassen, dabei Schaum und sich absetzendes Fett mit einer Kelle abschöpfen. Zwischendurch die Flüssigkeit kontrollieren, bei Bedarf etwas Wasser nachgießen und nachwürzen. Für den Grünkohl werden mindestens 300 ml Fond benötigt.

Wenn die Schweinebacke gar ist, die Würste etwa 10 bis 12 Minuten im Fond erhitzen. Nach Ende der Garzeit die Würste und die Schweinebacke herausnehmen, die Schwarte abschneiden und das Fleisch in 8 Scheiben teilen. Den Fond durch ein feines Sieb gießen und beiseitestellen. Die Würste warm stellen. Der Fond lässt sich auch am Vortag vorbereiten. Für das Garen der Würste dann den Fond erhitzen.

Grünkohl

Den Grünkohl eventuell nachputzen. 4 l Salzwasser in einem großen Topf aufkochen, den Grünkohl darin etwa 8 bis 9 Minuten garen. Sofort danach abgießen, in gesalzenem Eiswasser abkühlen und gut ausdrücken. Eine Hälfte grob, die andere Hälfte fein schneiden. Die Zwiebeln schälen. Zwiebeln und Speck in feine Würfel schneiden. Die Butter in einer Pfanne erhitzen, erst die Speckwürfel darin anbraten, dann die Zwiebelwürfel kurz anschwitzen. Mit 300 ml Rauchfond ablöschen und alles etwa 4 Minuten garen lassen. Den vorbereiteten Grünkohl dazugeben, eventuell noch etwas Rauchfond nachgießen, aufkochen lassen und alles etwa 5 bis 6 Minuten köcheln lassen. Mit Salz und Pfeffer abschmecken.

Kartoffeln

Die Moorkartoffeln waschen, gründlich abbürsten und mit Schale in Salzwasser gar kochen, dabei etwas Kümmel zugeben. Abgießen, ausdampfen lassen und pellen. Die Butter in einer Pfanne erhitzen und die Kartoffeln darin wie Röstkartoffeln anbraten. Je nach Geschmack die Kartoffeln mit etwas Zucker bestreuen und diesen karamellisieren lassen. Mit Salz und Pfeffer würzen.

Anrichten

Grünkohl auf vorgewärmte Teller verteilen. Jeweils 2 Scheiben Schweinebacke und die Würste, ganz oder schräg halbiert, auf den Grünkohl legen und die Moorkartoffeln daneben anrichten.

Zubereitungstipps

- Das Blanchieren, also das kurze Garen und anschließende Abschrecken in Eiswasser, bewirkt, dass der Grünkohl seine Farbe behält und nicht bitter wird.
- Kochen Sie den Grünkohl mit möglichst wenig Rauchfond, und gießen Sie lieber öfter nach, sonst verliert er an Geschmack.
- Wenn Sie den Rauchfond am Vortag zubereiten, können Sie die Würste auch mit dem Grünkohl erhitzen. Dadurch verlängert sich die Garzeit auf ungefähr 10 Minuten. Doch es erspart Ihnen einen Arbeitsschritt, und die Pinkel geben etwas Geschmack an den Grünkohl ab.

Einkaufstipps

- Geben Sie bei Pinkel und Schweinebacke regionalen Produkten den Vorzug. Sie verleihen Ihrem Gericht eine individuelle Note.
- Wem die Würste zu deftig sind, kann alternativ eine Brühwurst im feinen Saitling kaufen. Statt der Schweinebacke können Sie auch Kassler nehmen.

AUF DIE PALME GEBRACHT

Eigentlich erstaunlich, dass die Süddeutschen den Grünkohl verschmähen – stammt er doch ursprünglich aus dem Mittelmeerraum, der ihnen viel näher ist als den Norddeutschen. Sei's drum, im Norden, wo er auch als Oldenburger oder Friesische Palme bekannt ist, findet er umso mehr Beachtung. Einige Regionen Norddeutschlands betreiben einen regelrechten Kult um das deftige Gericht: Öffentliche Grünkohlessen, gesellige Kohlfahrten mit Freunden oder der Firma und die alljährliche Wahl des Kohlkönigs oder der Kohlkönigin, bei denen es sich in Oldenburg meist um prominente Politiker handelt, sind jährlich stattfindende Rituale. Die längste Tradition scheint Bremen zu haben. Seit 1545 wird dort die sogenannte Schaffermahlzeit ausgerichtet, eine Veranstaltung, die einst ins Leben gerufen wurde, um die Geschäftsbeziehungen zwischen Kaufleuten, Reedern und Kapitänen zu festigen. Die Gänge dieses „Brudermahls" sind genau festgelegt und jedes Mal dieselben – „Kohl und Pinkel" ist einer davon.

Städte wie Bremen und Oldenburg streiten gern darüber, wo es den besten Grünkohl gibt. Eine Art Volkssport ohne Aussicht auf Gewinner, denn naturgemäß gefällt es jedem in seiner Heimat am besten. Hinsichtlich der Zubereitung und der Beilagen gibt es durchaus Unterschiede: Bremer lieben den Pinkel, Hannoveraner ihre Brägenwurst, mancherorts werden auch Koch- oder Mettwürste oder Bauchspeck und Kasseler mitgegart. Die häufigste Beilage sind Salz- oder Bratkartoffeln, doch die Hamburger essen zum Beispiel kleine, in Zucker und Schmalz gebratene Kartoffeln dazu. Nicht einmal die Namensgebung ist einheitlich: Bremer und Braunschweiger beharren weiterhin hartnäckig darauf, Braunkohl zu essen, obwohl auch ihr Kohl inzwischen grün ist, egal, wie lange er kocht. Es ist wohl die Macht der Gewohnheit: In manchen Gegenden wurde noch im 19. Jahrhundert sogenannter Langkohl verzehrt, eine Kohlsorte mit bräunlichen Blättern, die heute aber gar nicht mehr angebaut wird.

Apropos Gewohnheit: Die weit verbreitete Annahme, nach der Grünkohl einige Stunden schmoren muss, um gut zu schmecken, ist nicht ganz richtig, wie dieses Rezept zeigt. Die kurze Garzeit bekommt ihm sehr gut. Auch vor Traditionsgerichten wie diesem macht die Entwicklung nicht halt.

Schnucken bedeutet so viel wie schnökern oder naschen – die Heidschnucke ist also ein Schaf, das gern das Beste frisst.

HEIDSCHNUCKE

IN HEU GEGART MIT BÄCKERINNENKARTOFFELN

Heidschnuckenjus

1 kg Heidschnuckenknochen (vom Fleischer hacken lassen)

80 g Butterschmalz

1 Zwiebel (ca. 50 g)

2 Knoblauchzehen

25 g Knollensellerie

25 g Möhren

30 g Tomatenmark, zweifach konzentriert

1 Thymianzweig

1 Rosmarinzweig

2 Lorbeerblätter

9–10 Wacholderbeeren

8–9 Pimentkörner

500 ml trockener Weißwein

Heidschnuckenkeule

8 kleine Zweige Rosmarin

8 kleine Zweige Thymian

2 kg Heidschnuckenkeule (evtl. vom Fleischer auslösen lassen)

Salz und weißer Pfeffer aus der Mühle

etwas Butterschmalz

2 Hände voll Heu (vom Bauern vor Ort)

8 Wacholderbeeren

Bäckerinnenkartoffeln

380 g festkochende Kartoffeln (oder neue Kartoffeln)

260 g Zwiebeln

4 Zehen Knoblauch

4 kleine Zweige Rosmarin

4 kleine Zweige Thymian

60 g Butter

Heidschnuckenjus (siehe links)

Salz und weißer Pfeffer aus der Mühle

Heidschnuckenjus

Den Backofen auf 210 °C vorheizen. Heidschnuckenknochen in walnussgroße Stücke zerkleinern (oder vom Fleischer klein hacken lassen). Die Knochen waschen, abtropfen lassen, auf ein mit etwas Butterschmalz gefettetes Backblech legen und auf mittlerer Schiene rösten, bis sie außen Farbe angenommen haben.

In der Zwischenzeit die Zwiebel und den Knoblauch schälen und grob würfeln. Sellerie und Möhren schälen und in daumengroße Stücke schneiden. Die Kräuter waschen, trocken tupfen, die Blätter oder Nadeln abzupfen und fein hacken.

Das Gemüse in einem schmalen, hohen Topf mit dem restlichen Butterschmalz anrösten. Das Tomatenmark zugeben und leicht anrösten. Die Kräuter und Gewürze zugeben. Mit dem Weißwein 2- bis 3-mal ablöschen und jedes Mal warten, bis er fast vollständig verdunstet ist (siehe Zubereitungstipps). Die gerösteten Knochen zugeben.

Alles mit etwa 1 l Wasser auffüllen und aufkochen lassen. Schaum und Fett abschöpfen, Deckel aufsetzen und etwa 4,5 Stunden bei geringer Hitze köcheln lassen. Zwischendurch immer wieder Schaum und Fett abschöpfen, bei Bedarf Wasser nachfüllen.

Den Fond anschließend durch ein feines Tuch passieren (siehe Zubereitungstipps) und etwas einkochen lassen. Am Ende sollen 600 ml Jus übrig bleiben. »

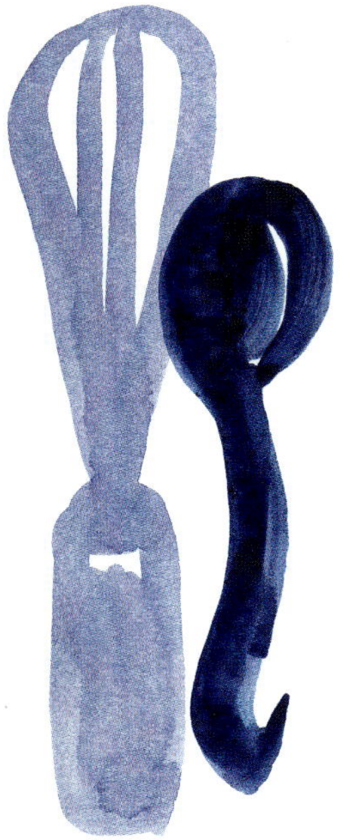

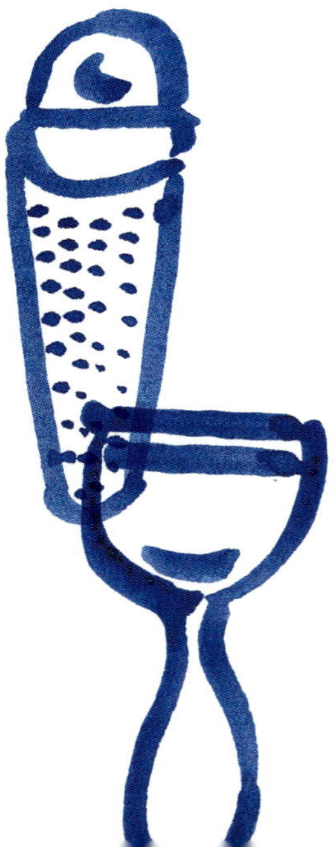

Heidschnuckenkeule

Den Backofen auf 130 °C vorheizen. Rosmarin und Thymian waschen, trocken tupfen und die Blättchen bzw. Nadeln abzupfen und hacken. Die Keule waschen und trocken tupfen. Schluss-, Röhrenknochen und Oberschale auslösen, nur den unteren Knochen stehen lassen. Die Keule mit Küchenband in eine gleichmäßigere Form binden. (Das alles kann auch der Schlachter erledigen.) Das Fleisch mit Salz und Pfeffer würzen.

Einen Bräter mit etwas Butterschmalz auspinseln. Das Heu mit den Kräutern und den Wacholderbeeren vermengen und hineinlegen, die Keule und die Oberschale auf das Heu betten und zugedeckt im Ofen leicht rosa garen. Die Keule braucht etwa 40 bis 45 Minuten, die Oberschale ist schon nach 20 bis 25 Minuten gar (siehe Zubereitungstipps). Anschließend herausnehmen und etwa 15 Minuten ruhen lassen.

Bäckerinnenkartoffeln

Den Backofen auf 120 °C vorheizen. Die Kartoffeln schälen (neue Kartoffeln nur waschen und gründlich abbürsten) und vierteln. Zwiebeln und Knoblauch schälen. Die Zwiebeln in mittelfeine Streifen schneiden, Knoblauch vierteln. Die Kräuter waschen, trocken schütteln, die Blätter und Nadeln abzupfen und fein hacken.

Die Butter in einer ofenfesten Pfanne erhitzen, die Kartoffeln darin anbraten. Die Zwiebelstreifen und den Knoblauch zugeben, mit etwas Heidschnuckenjus auffüllen und im Ofen etwa 20 Minuten garen lassen. Immer wieder etwas Jus nachgeben, damit die Kartoffeln die Flüssigkeit und dadurch den Geschmack aufnehmen. 3 Minuten vor Ende der Garzeit die Kräuter dazugeben, kurz mitgaren, mit Salz und Pfeffer abschmecken.

Anrichten

Die Keulen auf Tellern anrichten. Die Kartoffeln in einer separaten Schüssel dazu reichen.

Zubereitungstipps

- Da Sie für die Sauce einige Stunden benötigen, ist es ratsam, sie bereits am Vortag zuzubereiten.
- Das mehrfache Ablöschen dient dazu, eine etwas dunklere Farbe zu erhalten. Wenn Sie das Gemüse nur einmal ablöschen, wird die Jus heller.
- Am besten ist es, den Fond durch ein feines Passiertuch oder ein Haarsieb zu geben.
- Das Heu verleiht der Heidschnucke einen ganz besonderen Geschmack. Wenn Sie es mit Heidekraut (Erika) mischen, ergibt das eine noch würzigere Note.
- Wenn Sie die Oberschale mitgaren, müssen Sie diese schon nach 20 bis 25 Minuten aus dem Ofen nehmen, damit auch sie im Kern rosa ist.
- Wichtig ist, das Fleisch wirklich 10 bis 15 Minuten ruhen zu lassen, damit es sich entspannen kann. Das heißt, aus dem Ofen herausnehmen und stehen lassen, nicht in Alufolie wickeln oder Ähnliches. Der Garprozess soll unterbrochen werden. Sie können es danach erneut für 5 bis 10 Minuten bei 160 °C erhitzen, falls es zu stark abkühlt. In der kurzen Zeit gart es nicht nach, sondern wird nur erwärmt.
- Achten Sie darauf, dass die Kartoffeln genug Heidschnuckenjus bekommen. Nur dann entwickeln sie den typischen Geschmack.

Einkaufstipp

Wenn Sie eine Graue Gehörnte Heidschnucke kaufen möchten, die aus der Lüneburger Heide stammt und als Heidschnucke namensrechtlich europaweit geschützt ist, dann darf das Fleisch der Heidschnucke nur das Siegel einer geschützten Ursprungsbezeichnung g. U. tragen. Fragen Sie Ihren Wildhändler.

DIESES SCHAF IST EINE ECHTE NASCHKATZE

Jemandem aus der Lüneburger Heide muss man kaum erklären, was Heidschnucken sind. Sie prägen das Landschaftsbild und gelten als touristische Attraktion. Für jene, die nicht dort wohnen: Als Heidschnucken bezeichnet man eine Schafart, kleine hübsche Tiere mit schmalen, schwarzen Gesichtern und schwarzen Beinen, langem, grauem Fell und gebogenen Hörnern.

Der Name verrät einiges über das Tier. Schnucken bedeutet so viel wie schnökern oder naschen — die Heidschnucke ist also ein Schaf, das gern das Beste frisst, in ihrem Fall aromatische Heidekräuter und Gräser. Dem Gourmet schmeckt das Fleisch, weil es wegen der Kräuter besonders würzig ist. Es schmeckt nicht typisch nach Schaf, sondern eher wie Wild. Außerhalb der Heide steht der Braten selten auf der Karte, weil alles schon direkt in den Gasthäusern vor Ort verzehrt wird, vor allem im Frühherbst.

Die Tiere helfen auch bei der Landschaftspflege. Durch ihr Grasen sorgen sie dafür, dass die Kräuter kräftig nachwachsen können. Außerdem fressen sie die jungen Birkentriebe und verhindern so, dass sie zu Bäumen heranwachsen. Die würden sonst die Heide überschatten und viele Pflanzen zurückdrängen. Die Schafe erhalten sich ihre Nahrungsgrundlage selbst – ein Kreislauf, wie ihn nur die Natur erschaffen kann.

Bei all der Regionsverbundenheit mag es verwundern, dass die Heidschnucke ursprünglich südeuropäische Wurzeln hat. Ein Großteil der Tiere sind Graue Gehörnte Heidschnucken, die von den auf Sardinien und Korsika lebenden Mufflons abstammen. Neben ihnen gibt es sechs weitere Einzelrassen; zwei stehen bereits auf der Roten Liste der bedrohten Nutztierrassen.

Der Spitzkohl fand Anfang des 19. Jahrhunderts den Weg nach Europa, Missionare brachten ihn aus China mit.

CALENBERGER SPITZKOHLEINTOPF

- 200 g Zwiebeln
- 150 g Sellerie
- 250 g festkochende Kartoffeln
- 150 g Möhren
- 750 g Spitzkohl (netto 450 g)
- 1/2 Bund Oregano oder Majoran (15 g)
- 2 Knoblauchzehen
- 80 g Butter
- 1,5 g Kümmel (ganz)
- Salz und weißer Pfeffer aus der Mühle
- 400 g geräucherter Schweinebauch ohne Schwarte
- 600 ml Rinderbrühe

Eintopf

Die Zwiebeln schälen und in grobe Würfel schneiden. Sellerie, Kartoffeln und Möhren schälen, Sellerie und Kartoffeln in grobe Stücke, Möhren schräg in 3 bis 4 cm lange Stücke schneiden. Den Spitzkohl vom Strunk befreien, die äußeren Blätter entfernen und ebenfalls in grobe Stücke schneiden. 8 Majoranspitzen zum Garnieren abzupfen, den restlichen Teil mittelfein schneiden. Den Knoblauch abziehen und fein schneiden.

Die Butter in einem mittelgroßen Topf erhitzen. Die Zwiebeln, den Knoblauch und den Kümmel kurz darin anschwitzen, mit Salz und Pfeffer würzen. Dann den Schweinebauch zugeben, mit der Rinderbrühe auffüllen und abgedeckt etwa 1 Stunde bei geringer Hitze garen lassen.

Wenn der Schweinebauch fast gar ist, die Kartoffeln, den Sellerie und die Möhren zugeben und gut 18 Minuten mitgaren lassen. Nach etwa 10 Minuten den Spitzkohl zufügen und die letzten 8 Minuten mitgaren. Alles mit Salz und Pfeffer abschmecken und mit dem Majoran oder Oregano abschmecken.

Anrichten

Den Schweinebauch in löffelgerechte Stücke schneiden. Den Eintopf in tiefe Teller füllen und die Schweinebauchstücke obenauf legen. Mit den Oregano- oder Majoranspitzen garnieren und sofort servieren.

Zubereitungstipp

Der Spitzkohl braucht keine lange Garzeit. Wenn Sie ihn erst zum Schluss dazugeben, behält er seine grüne Farbe.

Einkaufstipp

Den geräucherten Schweinebauch ohne Schwarte können Sie durch mageren Speck ersetzen.

DAHINTER STECKT IMMER EIN KEGEL-KOPF

Der Spitzkohl ist zwar verwandt mit dem Weißkohl, aber in jeder Hinsicht feiner und edler. Mit seiner Kegelform sieht er nicht nur interessanter aus als sein runder Artgenosse, seine Blätter sind auch zarter und milder im Geschmack, was ihn bekömmlicher macht. Außerdem ist er kein typisches Winter-, sondern ein Frühlingsgemüse und schon ab Mai erhältlich.

Weißkohl hat eine lange Tradition in Norddeutschland und wird seit Jahrhunderten angebaut. Der Spitzkohl ist dagegen vergleichsweise neu: Erst Anfang des 19. Jahrhunderts fand er den Weg nach Europa, Missionare brachten ihn aus China mit.

Abgesehen von den genannten Unterschieden lässt sich Spitzkohl wie Weißkohl zubereiten – wegen der zarteren Blattstruktur sollte er nur kürzer garen. Er schmeckt in Salaten, in Suppen, Eintöpfen, Gemüsepfannen oder gefüllt als Kohlroulade und ist ebenso gesund wie Weißkohl, mit viel Vitamin C sowie anderen Vitaminen und Mineralstoffen. Da er mit jedem Lagertag an Nährstoffen verliert, ist es wichtig, auf Frische zu achten: Die äußeren Blätter sollten prall und grün sein. In ein feuchtes Tuch gewickelt, hält er sich einige Tage im Kühlschrank.

Die Frikadelle scheint ihren wahren Ursprung in Holland zu haben. Dort kennt man den Begriff „fricadel" immerhin schon seit dem 16. Jahrhundert.

FRIKADELLEN

Frikadellen (ca. 16 Stück)

2 mittelgroße Zwiebeln (ca. 100 g)

80 g Champignons

20 g Petersilie

40 g Butter

45 g Toastbrot

10 g Kerbel

500 g Kalbfleisch

15 g Kapern

45 ml Sahne

Salz und weißer Pfeffer aus der Mühle

2 Eier

8 g Salz

80 g Mie de pain (geriebenes Toastbrot ohne Rinde) oder Pankomehl (jap. Paniermehl, Asia-Laden)

100 g Rapsöl zum Braten

Beilage

Bratkartoffeln oder Kartoffelsalat

Frikadellen

Die Zwiebeln abziehen und in feine Würfel schneiden. Die Pilze trocken abreiben und grob würfeln. Die Petersilie waschen, trocken tupfen und hacken. Butter in einer Pfanne erhitzen, darin die Zwiebeln und die Pilze anschwitzen, dann die Petersilie unterrühren. Alles abkühlen lassen.

Das Toastbrot würfeln. Den Kerbel waschen, trocken tupfen und hacken. Das Kalbfleisch in grobe Würfel schneiden und mit der abgekühlten Zwiebel-Pilz-Mischung, dem Brot, den Kapern und der Sahne vermengen, mit Salz und Pfeffer würzen. Diese Masse durch die Erbsenscheibe (0,3 cm) des Fleischwolfes drehen, dann die Eier und den Kerbel unterrühren. Erneut nachwürzen.

Aus der Masse Bällchen (ca. 50 g pro Bällchen) formen, platt klopfen, sodass sie etwa 1,5 cm hoch sind (sie werden beim Braten wieder höher), und in Mie de pain wälzen. Das Öl in einer Pfanne erhitzen, die Frikadellen von beiden Seiten bei mittlerer Hitze etwa 3 Minuten braten.

Anrichten

Die Frikadellen mit Bratkartoffeln oder Kartoffelsalat auf Tellern anrichten und servieren.

Zubereitungstipp

Bei der Verarbeitung von Fleisch, insbesondere von Hackfleisch, kommt es auf Hygiene an. Achten Sie darauf, dass alle Zutaten kalt sind, wenn Sie sie verarbeiten und durch den Fleischwolf drehen (2 °C) und arbeiten Sie zügig. Notfalls vorher abkühlen lassen. Dadurch wird die Masse lockerer und das Vermengen dauert nicht so lange.

Einkaufstipps

- Fragen Sie Ihren Schlachter nach qualitativ hochwertigem Fleisch aus Schulter oder Bug. Falls Sie keinen Fleischwolf haben, können Sie auch Kalbshackfleisch kaufen. Bedenken Sie, dann die weiteren Zutaten wie Zwiebeln, Pilze, Kapern und Brot sehr fein zu hacken und gut abkühlen zu lassen.
- Damit die Panade besonders kross wird, ist es ratsam, wirklich Mie de pain oder Pankomehl zu verwenden. Mit gewöhnlichem Paniermehl wird die Oberfläche weniger knusprig.

NAMEN SIND SCHALL UND RAUCH

Etwas Ordnung im Frikadellen-Wortschatz kann nicht schaden. Bei den vielen Begriffen für ein und dieselbe Sache kann man sich schon mal vertun. Fangen wir im Norden an. In Hamburg und auch noch im Rheinland heißen die aus Hackfleisch, Brot und Ei geformten Kugeln Frikadellen. In Bayern hingegen käme man mit diesem Wort vermutlich nicht besonders weit, da sind die stur. Wer dort ein Brötchen haben möchte, bestellt besser eine „Semmel", und wer dazu eine Frikadelle wünscht, bittet um „a Fleischpflanzerl". Mit Pflanzen hat das wenig zu tun – das Wort geht vielmehr auf den Begriff „Pfanzel" zurück, eine Abkürzung für Pfannzelte. Und Pfannzelte wiederum steht für Pfannkuchen oder etwas „in der Pfanne Gebackenes". So betrachtet erscheint der Begriff gar nicht mehr so komisch.

Die Schwaben und Franken nennen die Frikadelle Fleischküchle, die Österreicher sagen dazu Fleischlaibchen oder faschiertes Laibchen; Faschiertes bedeutet Gehacktes. Ansonsten gibt es noch die Begriffe Hacksteak, deutsches Beefsteak, Fleischbratling, Fleischklops und Brisolette. Und natürlich die Berliner Bulette. Die Bulette soll von dem französischen „boulette" für „Kügelchen" abstammen – oder von „boulet" für Kanonenkugel, passend zu der hübschen Legende mit den Hugenotten: Die hätten nämlich, als der Große Kurfürst Friedrich Wilhelm von Brandenburg (1640–1688) ihnen 1685 Asyl gewährte, die Fleischklopse aus Frankreich mitgebracht. Das Gericht sei vor allem beim Militär sehr beliebt gewesen. Ob das stimmt, ist fraglich, denn bis ins 19. Jahrhundert hießen Fleischbällchen jeder Art in Berlin noch Klops.

Die Frikadelle scheint ihren wahren Ursprung in Holland zu haben. Dort kennt man den Begriff „fricadel" immerhin schon seit dem 16. Jahrhundert. Die heutige Fast-Food-Spezialität „Frikandel" – man spricht das mit Betonung auf „del" – erinnert äußerlich zwar an eine Wurst, besteht aber ebenfalls aus gebratenem Hack. Und in einem deutschen Kochbuch, das Ende des 17. Jahrhunderts erschienen ist, heißt es, die Deutschen hätten die Frikadellen den Holländern zu verdanken. Und somit sind wir wieder im Norden gelandet.

In Dithmarschen werden jedes Jahr auf mehr als 2800 Hektar rund 80 Millionen Kohlköpfe geerntet – das ist etwa ein Drittel der gesamten Produktion in Deutschland.

DITHMARSCHER KOHLWICKEL

Hackmasse

60 g Zwiebeln

50 g Champignons

10 g Petersilie

50 g Toastbrot ohne Rinde

30 g Butter

300 g Kalbfleisch

20 g Kapern

1 Ei (ca. 60 g)

100 ml Milch

Salz und weißer Pfeffer aus der Mühle

Sauce

100 g Zwiebeln

30 g Butter

1/4 EL Kümmel

20 g Tomatenmark

100 ml Weißwein

100 ml Kalbsfond

100 ml Sahne

Kohl

1 kleiner Weißkohlkopf

8 Scheiben magerer Speck, in dünne Scheiben geschnitten

30 g Butter

Salz und weißer Pfeffer aus der Mühle

Beilage

Salzkartoffeln (blauer Heinrich oder blauer Schwede)

Hackfleisch

Die Zwiebeln schälen und fein hacken. Die Champignons trocken abreiben und putzen. Die Petersilie waschen, trocken schütteln und fein hacken. Das Toastbrot würfeln. Die Butter in einer Pfanne erhitzen, Zwiebeln und Pilze darin anschwitzen, die Petersilie hinzufügen, alles vermengen und abkühlen lassen. Das Kalbfleisch grob würfeln und in eine Schüssel geben, die abgekühlte Zwiebel-Pilz-Masse, die Kapern und das Brot zufügen. Alles vermengen, mit Salz und Pfeffer würzen und durch die Erbsenscheibe des Fleischwolfes drehen. Dann das Ei und die Milch zugeben, mit Salz und Pfeffer nachwürzen.

Sauce (Vorbereitung)

Die Zwiebeln schälen und in feine Würfel schneiden. Die Butter in einer Pfanne erhitzen, die Zwiebel darin anschwitzen. Den Kümmel und das Tomatenmark mit anrösten, dann mit Weißwein ablöschen, fast vollständig reduzieren lassen und mit Kalbsfond auffüllen.

Kohlrouladen

Den Backofen auf 160° C vorheizen. Die äußeren Blätter des Weißkohls entfernen. Den Strunk großzügig herausschneiden und den Kohlkopf als Ganzes in kochendem Salzwasser etwa 5 bis 6 Minuten vorgaren. Die Blätter lösen und flach zurechtschneiden. Etwa 8 bis 12 geeignete Kohlblätter abtropfen und auskühlen lassen. Die Hackmasse in 4 Portionen teilen. Je nach Größe jeweils 2 bis 3 Blätter schräg übereinander auslegen, die schönsten nach unten, und mit Salz und Pfeffer würzen. Jeweils eine Portion Hackmasse in die Mitte geben und so mit den Kohlblättern umwickeln, dass ovale Pakete entstehen. So drehen, dass die schöne, glatte Seite oben liegt. Eventuell vorstehenden Strunk wegschneiden. Die frisch gewickelten Kohlrouladen gut zusammendrücken, damit keine Hohlräume entstehen und sie besseren Halt haben. Jeweils 2 dünn geschnittene Speckstreifen quer auflegen und einmal um die Kohlroulade wickeln. Die einzelnen Wickel mit der Butter einstreichen.

200 g von den Kohlresten in Streifen schneiden und in einen Schmortopf geben. Die Kohlrouladen darauf setzen und den Saucenansatz hinzufügen. Im Ofen auf mittlerer Schiene abgedeckt etwa 75 bis 90 Minuten schmoren lassen. Nach Ende der Garzeit Kohlrouladen und Kohlstreifen herausnehmen, warm stellen. Sahne in den Fond gießen und etwas köcheln lassen, bis noch etwa 300 ml Fond übrig ist. Diese Sauce durch ein feines Sieb geben, mit dem Zauberstab aufmixen und mit Salz und Pfeffer abschmecken.

Anrichten

Den Kohl auf vorgewärmte Teller verteilen, jeweils eine Kohlroulade darauf anrichten und mit etwas Sauce überziehen. Die Kartoffeln entweder auf dem Teller oder separat servieren.

Zubereitungstipp

Wenn Sie den Strunk des Kohlkopfes großzügig herausschneiden und den Kohl im Salzwasser vorgaren, lösen sich die Blätter besser ab. Sind die Blätter gut vorgegart, lassen sich die Rouladen leichter wickeln.

Einkaufstipp

Sie können auch fertiges Kalbshackfleisch kaufen. Dann müssen Sie aber die Zwiebeln, Pilze, Kapern, Kräuter und das Brot sehr fein hacken und gut abkühlen lassen, bevor Sie es mit dem Fleisch vermengen.

ESSEN MIT (KOHL-)KÖPFCHEN

Die Zahlen sind beeindruckend: In Dithmarschen, an der Nordseeküste Schleswig-Holsteins, werden jedes Jahr auf mehr als 2800 Hektar rund 80 Millionen Kohlköpfe geerntet – das ist etwa ein Drittel der gesamten Produktion in Deutschland. Die Region ist das größte geschlossene Kohlanbaugebiet in Europa, das Gemüse somit ein wichtiger Wirtschaftsfaktor. Grund genug, ihn angemessen zu feiern, befand die Region und lädt seit 1986 jedes Jahr im September zu den „Dithmarscher Kohltagen" ein, ein Fest mit vielen Gästen und regionalen Spezialitäten. Analog zur Käse-Straße, die ebenfalls durch Schleswig-Holstein führt, gibt es eine Kohlstraße mit Stationen in Brunsbüttel, kleineren Orten an der Nordseeküste, Marne, Meldorf, Wesselburen und Büsum, wo Interessierte mehr über den Kohl erfahren können.

In Wesselburen begann der Siegeszug des Kohls. Vor mehr als 120 Jahren experimentierte der Gärtner Eduard Lass mit dem Anbau, sammelte Erfahrungen und bepflanzte 1892 erstmals 50 Hektar mit dem Gemüse. Andere Bauern belächelten ihn zunächst, doch als er Erfolg hatte und sich ein neuer Absatzmarkt auftat, folgten sie seinem Beispiel. Innerhalb weniger Jahre vervielfachte sich der Ertrag. Heute ist das Geschäft wieder schwieriger geworden, da nicht mehr ganz so viel Kohl auf deutschen Tellern landet. Gefeiert wird trotzdem noch.

Für das echte „Beer'n, Bohn un Speck" werden Kochbirnen verwendet – kleine, harte und nicht die Spur saftige und süße, sondern säuerliche Früchte.

BIRNEN, BOHNEN, SPECK

Birnen, Bohnen und Speck

700 g Türkische Erbsen (Vierländer Erbsbohnen)

8 kleine Kochbirnen (insgesamt ca. 400 bis 500 g)

2 kleine Zwiebeln (ca. 100 g)

1 kleines Lorbeerblatt

2 Nelken

20 g Weizenstärke

1/4 Bund Bohnenkraut (8 g)

1/4 Bund glatte Petersilie (25 g)

500 g geräucherter, durchwachsender Speck

Salz und weißer Pfeffer aus der Mühle

400 g festkochende Kartoffeln (z. B. Cilena)

40 g Butter

Garnitur

Einige Bohnenkrautspitzen

Birnen, Bohnen und Speck

Die Türkischen Erbsen putzen, waschen und schräg halbieren. Die Birnen waschen, abtrocknen und nur vom Blütenansatz befreien, nicht schälen. Die Zwiebeln schälen und mit dem Lorbeerblatt und den Nelken spicken (siehe Zubereitungstipps). Die Speisestärke mit etwas Wasser anrühren und beiseitestellen. Vom Bohnenkraut einige schöne Spitzen für die Garnitur abzupfen, das restliche Kraut grob hacken. Die Petersilie waschen, zupfen und ebenfalls hacken.

Den Speck mit 500 ml Wasser und gespickter Zwiebel etwa 40 Minuten abgedeckt köcheln lassen. Die vorbereiteten Kochbirnen zugeben und beides nochmals etwa 25 Minuten garen, bis die Birnen gar sind. Die Zwiebel, die Birnen und den Speck herausnehmen und warm stellen. Die Bohnen in dem Kochfond 4 bis 5 Minuten garen lassen. Anschließend die Bohnen herausnehmen und 200 ml des Kochfonds mit der Speisestärke abbinden. Bohnenkraut und Bohnen wieder in den Topf geben und leicht glacieren, das heißt mit der Brühe begießen, sodass es glänzt. Mit Salz und Pfeffer abschmecken. Zum Schluss die Birnen ebenfalls mit etwas Kochfond glacieren und den gekochten Speck in Scheiben schneiden.

In der Zwischenzeit die Kartoffeln mit der Schale in Salzwasser kochen, pellen, in etwas Butter schwenken und mit der gehackten Petersilie bestreuen.

Anrichten

Die Bohnen und die glacierten Kochbirnen auf vorgewärmte Teller verteilen. Den geschnittenen Speck obenauflegen und die Kartoffeln daneben anrichten. Alles mit den Bohnenkrautspitzen garnieren.

DIESES GERICHT KOMMT MANCHEN TÜRKISCH VOR

Wenn die Hamburger Küche manchmal den Ruf hat, etwas seltsam zu sein, scheint dieses Gericht jedes Vorurteil zu bestätigen. Es basiert aber auf einem Missverständnis, zu dem der schnörkellose Rezeptname beiträgt. Zwar informiert er richtig darüber, was einen erwartet – verrät dann aber doch zu wenig. Denn wer das Hamburger und Schleswig-Holsteiner Traditionsgericht nicht kennt, zuckt bei der Vorstellung, Speck und Bohnen mit süßen Birnen zu essen, etwas zusammen, bevor er dankend ablehnt.

Nicht dass Nordlichter nie Speck mit Birnen kombiniert hätten, man denke an den Ofenkater. In diesem Fall aber wären sie wenig angetan, denn süße, saftige Früchte haben in diesem Eintopf nichts verloren. Für das echte „Beer'n, Bohn un Speck“ werden Kochbirnen verwendet – kleine, harte und nicht die Spur saftige und süße, sondern säuerliche Früchte. Meist handelt es sich um sehr alte Birnensorten, die erst gekocht werden müssen, um überhaupt genießbar zu werden, und die fast in Vergessenheit geraten sind.

Traditionell kam die Augustbirne in den Topf, eine Sorte, die nur in diesem Monat erhältlich war. In seiner ursprünglichen Form kam das Gericht daher auch nur ein paar Wochen, bis in den September hinein, auf den Tisch. Diese Zeit ist wie eine Schnittmenge, in der die benötigten Zutaten ihren optimalen Zustand erreicht haben: Die Bohnen sind reif, die Birnen gerade im Kommen, und auch das Bohnenkraut, unverzichtbar für diesen Klassiker, ist noch nicht welk. Somit ist Birnen, Bohnen und Speck ein im besten Sinne saisonales Gericht. Kein Restaurant, das etwas auf sich hält, bietet es außerhalb dieser Zeit an.

Die hier verwendeten Türkischen Erbsen sind übrigens tatsächlich Bohnen, sogenannte Perlbohnen. Den Namen Türkische Erbsen haben sie bekommen, weil ihre Samenkörner klein und rund wie Erbsen sind und irgendjemand einmal gesagt haben soll, das komme ihm türkisch vor. Sie heißen ansonsten auch Schminkfiets oder Fisolen und werden fast nur noch im norddeutschen Raum angebaut.

Zubereitungstipps

- Zwiebel spicken: Schneiden Sie mit einem Messer längs in eine Zwiebel und stecken Sie dort ein Lorbeerblatt hinein. Das Lorbeerblatt anschließend mit den Nelken fixieren.
- Entscheidend bei diesem Gericht ist, alles punktgenau fertig zu haben. Wenn Sie abschätzen können, dass der Fond nur noch etwa 20 bis 30 Minuten garen muss, setzen Sie die Kartoffeln auf. Die Bohnen wirklich erst zum Schluss kurz vor dem Servieren fertig garen, damit sie grün bleiben. Sie verlieren sehr schnell an Farbe.

Einkaufstipp

Türkische Erbsen: Diese Bohnen haben keinen Faden und können lange gelagert werden, ohne dass ihre Haut hart wird. Sie gehören zu einer besonderen Bohnengruppe, die langsam in Vergessenheit gerät.

Salzwiesen- und Deichlämmer sind eine Delikatesse der Region. Die Jungtiere fressen Gras, das aufgrund des Meerwassers Salz und Jod enthält, und Kräuter – das verleiht dem Fleisch Würze.

SYLTER LAMMKARREE

Pilzkruste

250 g gemischte Pilze (z. B. Pfifferlinge, Kräutersaitlinge, Egerlinge, Champignons, Shiitake-Pilze, Butterpilze)

2 Schalotten (50 g)

2 Knoblauchzehen

40 g Mie de pain (oder 3 Scheiben Toastbrot ohne Rinde)

2 Eier (à ca. 60 g)

3 g Schnittlauch

3 g Kerbel oder Basilikum

2 g Thymian

40 g Butter

40 g frischer Parmesan, gerieben

Salz und weißer Pfeffer aus der Mühle

Lamm

2 Lammkarrees à 450 g

Salz und weißer Pfeffer aus der Mühle

40 ml Traubenkernöl

Sauce

500 g Lammknochen, in walnussgroße Stücke gehackt (evtl. vom Schlachter erledigen lassen)

100 g Röstgemüse (Zwiebeln, Wurzeln, Sellerie und Lauch)

60 ml Traubenkernöl

10 g Tomatenmark

200 ml trockener Weißwein

2 Lorbeerblätter

10 weiße Pfefferkörner

5 g Basilikum

5 g Thymian

2 Knoblauchzehen

Salz und weißer Pfeffer aus der Mühle

Beilage

Rosmarin-Röstkartoffeln

Pilzkruste

Die Pilze trocken abreiben und putzen. Die Schalotten und den Knoblauch schälen. Pilze, Schalotten und Knoblauch in feine Würfel schneiden. Wenn Sie kein Mie de pain haben, das Toastbrot reiben. Die Eier trennen. Die Kräuter waschen und trocken tupfen. Den Schnittlauch in feine Ringe schneiden. Kerbel- oder Basilikumblätter abzupfen und fein schneiden, Thymianblätter fein zupfen.

Die Butter in einer Pfanne erhitzen, die Pilze darin bei mittlerer Hitze anbraten. Schalotten und Knoblauch zugeben und mitgaren. Alles in eine Schüssel geben, die Kräuter, Eigelbe, Brösel und Parmesan zugeben, gut vermengen und nochmals mit Salz und Pfeffer abschmecken.

Lamm

Den Backofen auf 140 °C vorheizen. Die Lammkarrees trocken tupfen, die Knochen gut putzen. Das Fleisch mit Salz und Pfeffer würzen. Das Öl in einer backofenfesten Pfanne erhitzen, die Karrees darin von beiden Seiten einige Minuten anbraten, sodass sie Farbe bekommen. Dann im Ofen weitergaren, bis eine Kerntemperatur von 49 bis 50 °C erreicht ist (Fleischthermometer benutzen). Das dauert etwa 12 bis 14 Minuten. Die Karrees herausnehmen und mindestens 8 Minuten ruhen lassen. Anschließend die Pilzkruste auftragen und das Fleisch unter dem Grill des Backofens auf mittlerer Schiene bei 230 bis 240 °C etwa 5 bis 6 Minuten gratinieren. »

Sauce

Den Backofen auf 220 °C vorheizen. Die Lammknochenstücke waschen und abtropfen lassen, auf ein gefettetes Backblech geben und im heißen Ofen etwa 20 Minuten rösten. Das Röstgemüse waschen, putzen, schälen und in mittelgroße Würfel schneiden. Das Öl im Topf erhitzen, das Gemüse darin anrösten. Das Tomatenmark unterrühren und alles 2- bis 3-mal mit dem Weißwein ablöschen. Die Kräuter, Gewürze und den Knoblauch zugeben, mit etwa 1,2 l Wasser auffüllen oder so, dass alles knapp bedeckt ist, und zugedeckt etwa 2 ½ Stunden am Siedepunkt köcheln lassen. Dabei immer wieder Schaum und Fett mit einer Kelle abschöpfen. Den Fond durch ein Passiertuch oder ein sehr feines Sieb gießen, zurück in den Topf geben und auf ein Drittel einkochen.

Anrichten

Die Lammkarrees längs in Kotelettform herunterschneiden, pro Portion sind es 2 bis 3 Koteletts. Das Fleisch auf die vorgewärmten Teller setzen. Die Röstkartoffeln daneben anrichten und das Fleisch mit etwas Sauce überziehen.

Zubereitungstipps

- Bei den Pilzen muss die Temperatur stimmen: Bei zu starker Hitze verbrennen sie, bei zu geringer Hitze lassen sie zu viel Flüssigkeit.
- Wenn Sie es besonders festlich haben möchten, können Sie das Lamm auch am Tisch tranchieren. Die Sauce und die Kartoffeln dann separat servieren.

Einkaufstipp

Fragen Sie Ihren Schlachter nach einer Lammrasse, die nicht allzu schnell wächst, denn deren Fleischfaserung ist besonders fein.

SEI KEIN SCHAF

Schafe prägen das Bild der Nordseeküste. Jeder, der schon einmal dort war, hat sie gesehen: kleine, grau-weiße Wollknäuel, die friedlich auf den Deichen grasen. Vor etwa 4000 Jahren kamen Schafe aus Asien über Vorderasien nach Europa. Die Tiere sind nicht nur hübsch anzusehen. Sie schützen auch die Küste: Mit ihren Hufen stampfen sie die Marschlandschaft fest und pflegen auf diese Weise Boden und Grasnarbe, sodass diese Stürmen und Fluten besser trotzen können.

Darüber hinaus liefern die Kleinen exzellentes Fleisch. Salzwiesen- und Deichlämmer sind eine Delikatesse der Region. Feinschmecker schätzen ihren unvergleichlichen Geschmack, den sie sich gewissermaßen anfuttern: Die Jungtiere fressen Gras, das aufgrund des Meerwassers Salz und Jod enthält, und Kräuter – das verleiht dem Fleisch Würze. Außerdem sind die Tiere ihr Leben lang an der frischen Luft und bewegen sich. Dadurch entwickeln sie sich zwar langsamer als andere Lämmer, doch ihr Fleisch ist magerer und zarter und damit hochwertiger. Davon wird zwar einiges exportiert, vor allem nach Frankreich, doch auch die heimische Küche kennt viele Lammspezialitäten. Die Nordfriesen sind eben echte Genießer.

Der Pinkel ist eine geräucherte Grützwurst, die im Norden gern zu Grünkohl gegessen wird, daher gibt es sie traditionell im Winter.

WARME GRÜTZWURST

MIT APFELMUS, MEERRETTICH UND BALSAMICO-SAUCE

Grützwurst

640 g dunkle Grützwurst (ohne Rosinen)

20 g Butter

Sauce

1 Schalotte

60 g Butter

100 ml alter Balsamico-Essig

100 ml Kalbsjus (siehe Grundrezepte Seite 218) oder 50 ml Kalbsglace

Apfelmus

4 Äpfel (640 g, z. B. Seestermüher Zitronenapfel)

1/4 Tahiti-Vanilleschote

200 ml trockener Weißwein (Apfelsaft, wenn Kinder mitessen)

50 g Hamburger Sommerblütenhonig

Garnitur

200 g frischer Meerrettich, fein gerieben

Grützwurst

Den Backofen auf 230 bis 240 °C (Grillstufe) vorheizen. Die Grützwurst von der Haut befreien und schräg in fingerdicke Scheiben schneiden. Ein Backblech mit Butter bestreichen, die Grützwurstscheiben darauf legen und im heißen Ofen auf mittlerer Schiene von beiden Seiten jeweils 4 Minuten kross braten.

Sauce

Die Schalotte schälen und in feine Würfel schneiden. Die Butter in einer Pfanne erhitzen, die Schalotten darin anschwitzen, mit dem Essig ablöschen und diesen auf die Hälfte reduzieren. Mit Kalbsjus oder -glace auffüllen und aufkochen lassen.

Apfelmus

Die Äpfel waschen, abtrocknen und schälen. Das Kerngehäuse entfernen, die Früchte achteln und in 0,5 cm dicke Stücke schneiden. Die Vanilleschote längs aufschneiden und auskratzen. Weißwein (oder Apfelsaft), Vanillemark und -schote, Honig und Apfelstücke in einen Topf geben und etwa 12 Minuten zugedeckt bei geringer Hitze dämpfen. Anschließend das Apfelmus grob stampfen.

Anrichten

Das Apfelmus auf den Tellern verteilen, die gebratene Grützwurst daneben oder obendrauf anrichten. Mit etwas Sauce überziehen, den Rest daneben servieren. Zum Schluss mit geriebenem Meerrettich bestreuen.

Zubereitungstipps

- Nehmen Sie für das Apfelmus regionale Äpfel und stampfen Sie es nicht zu fein. Es sollte noch größere Stücke enthalten.
- Wenn Sie den Meerrettich vorab reiben, wickeln Sie ihn in Frischhaltefolie, damit er nicht braun wird.

Einkaufstipp

Dunkle Grützwurst ist eine Art Blutwurst. Sie enthält nicht so viel Fleisch und ist stattdessen mit Blut gebunden.

Hamburg im August 2010.

Kommt der Herbst ins Land „nach Blankenese" fallen die Äpfel von den Bäumen.
Aus diesen Äpfeln kocht die Generation die nichts umkommen läst Apfelmus oder Kompott.
Es wird Zeit für den Fleischermeister und seine Gesellen leckere Grützwurst mit Rosinen zu fertigen.
Die Wurst wird mit Salz, Pfeffer, Zucker und Zimt gewürzt. Grützwurst wird in Naturdärme gefüllt und zu Ringen abgebunden.
Diese Ringe werden langsam im ganzen oder in Scheiben in der Pfanne knusprig gebraten.
Leckeres Kartoffelmus das mit Salz, Pfeffer und Muskat gewürzt ist rundet das Gericht ab.

Guten Appetit wünscht

Fleischermeister Otto Meinert.

Leserrezept

Dieses Rezept stammt von Otto Meinert.

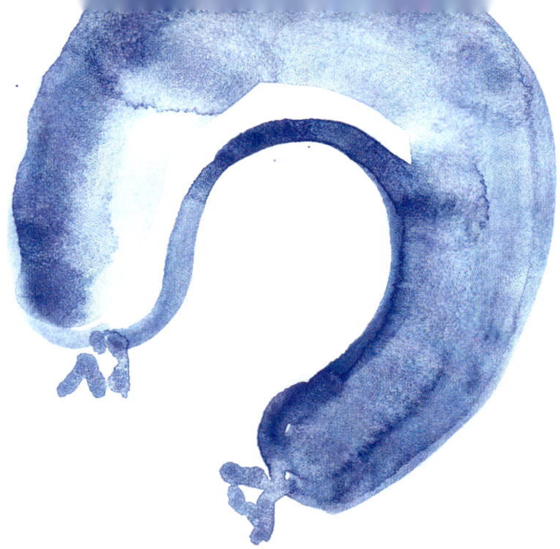

DAS GEHT IN DIE GRÜTZE

Der Name verrät es: Die Grützwurst enthält neben Fleisch und anderen Zutaten auch Grütze, also grob geschnittene Körner von Weizen, Gerste, Hafer, Hirse, Buchweizen oder anderen Getreidesorten. Sie zählt zu den Kochwürsten, weil einige der Zutaten bereits gegart sind. Wie bei der Wurstproduktion üblich, hat sich in jeder Region eine eigene Spezialität herausgebildet. Im Norden sind das insbesondere Knipp aus Bremen und Pinkel aus der Gegend um Bremen und Oldenburg.

Knipp galt lange als Armeleuteessen, weil in der Wurst einst Schlachtreste verarbeitet wurden, etwa Schweinskopffleisch, Schweinebauch und Innereien, daneben unter anderem noch Hafergrütze und verschiedene Kräuter. Heute ist sie eine Bremer Spezialität, die in Restaurants serviert wird. Vielleicht liegt es daran, dass sie zubereitet und angerichtet besser aussieht – die etwas blasse, unverarbeitete Masse überzeugt rein optisch nicht unbedingt. Die Würste sind recht groß, 10 bis 15 Zentimeter dick und 30 cm lang. Sie wird in Scheiben geschnitten und knusprig angebraten. Man isst dazu Salz- oder Bratkartoffeln, saure Gurken, Apfelmus, manchmal auch Rote Bete oder süßsauren Kürbis. Manche genießen Knipp auch nur kalt auf Vollkornbrot.

Der Pinkel ist eine geräucherte Grützwurst, die im Norden, vor allem aber in Ostfriesland und Friesland gern zu Grünkohl gegessen wird, daher gibt es sie traditionell im Winter. Sie enthält Speck, Hafer- oder Gerstengrütze, Rindertalg, Schmalz und Gewürze – doch auch hier hat jeder Schlachter sein eigenes Rezept, das er hütet. Was ihren kuriosen Name betrifft, sind einige Geschichten im Umlauf, mit zweifelhaftem Wahrheitsgehalt, wie es bei Legenden eben so ist. Folgende taucht immer wieder auf: Im 18. Jahrhundert haben norddeutsche Bauern ihre Wurst noch über offenem Feuer geräuchert, um sie haltbar zu machen. Da es sehr heiß wurde, tropft irgendwann das Fett aus der Wurst heraus. Und was sagen Männer, wenn sie unter sich sind und Witze machen? „Die Wurst pinkelt!“

Tatsächlich ist in alten ostfriesischen Wörterbüchern nachzulesen, dass „Pinkel“ ein altes, plattdeutsches Wort für Mastdarm ist. Den nahm man früher als Wursthülle. Die Wahrheit ist eben immer etwas schlichter.

Diese Speise soll nach Geheimrat Friedrich von Holstein kreiert worden sein, der immer das ganze Menü auf einmal bestellte.

HOLSTEINER SCHNITZEL

Schnitzel

480 g Biokalbsnuss oder Oberschale

100 g Traubenkernöl

Salz und weißer Pfeffer

40 g Mie de pain (geriebenes Weißbrot ohne Rinde)

4 Eier

Fisch-Canapés

6 Toastbrotscheiben

40 g Butter

80 g Räucherlachs

20 g Kresse

12 g frisch geriebener Meerrettich

½ Schalotte

5 g Basilikum

80 g Ölsardinen

40 g Forellenkaviar

40 g Schmand

Garnitur

16 Sardellen

8 Kapernäpfel

Schnitzel

Die Scheiben von der Biokalbsnuss oder Oberschale abspülen, trocken tupfen und in 4 gleichmäßige Portionen schneiden (oder vom Schlachter zuschneiden lassen). Jedes Schnitzel zwischen zwei Folien legen, platt klopfen, anschließend mit Salz und Pfeffer würzen und in Mie de pain wenden.

Etwas Öl in einer Pfanne erhitzen, die Schnitzel von beiden Seiten etwa 2 bis 3 Minuten braten, herausnehmen und auf Küchenpapier abtropfen lassen. Etwas Öl nachgießen und die Setzeier (Spiegeleier) in der Pfanne langsam braten. Mit Salz und Pfeffer würzen.

Fisch-Canapés

Die Toastbrotscheiben entrinden und schräg halbieren, sodass 12 kleine Dreiecke entstehen. Die Butter in der Pfanne erhitzen, die Dreiecke darin goldbraun rösten, anschließend auf Küchenpapier abtropfen lassen. Den Räucherlachs in Scheiben schneiden, auf 4 Canapés verteilen, mit der Kresse und dem geriebenen Meerrettich garnieren. Die Schalotte schälen und fein würfeln. 4 Basilikumspitzen abzupfen und für die Garnitur beiseitelegen, das restliche Kraut fein schneiden. Die Ölsardinen grob brechen, Schalottenwürfel und Basilikum zugeben und alles vorsichtig vermengen. Diese Masse ebenfalls auf 4 Canapés verteilen und mit je einer Basilikumspitze garnieren. Die letzten vier Canapés mit dem Schmand bestreichen und den Kaviar darauf verteilen.

Anrichten

Die Holsteiner Schnitzel auf die Teller geben und jeweils mit einem Setzei belegen. Das Setzei wiederum mit Sardellenfilets und ganzen oder halbierten Kapernäpfeln garnieren. Zum Schluss die Fisch-Canapés rundherum auf dem Teller verteilen.

SCHNITZEL HOLSTEIN IS(S)T KEIN GEHEIMER RAT

„Graue Eminenz" ist vermutlich noch einer der positivsten Beinamen, mit denen man Geheimrat Friedrich (oder Fritz) von Holstein (1837–1909) bedachte. Holstein war Diplomat, der „bekannteste Unbekannte", sagen Historiker, ein Strippenzieher im Verborgenen, entdeckt und gefördert von keinem Geringeren als Otto von Bismarck, als der noch nicht Reichskanzler war. Auch über die Amtszeit des Eisernen Kanzlers hinaus übte Holstein großen Einfluss auf die deutsche Außenpolitik aus. Bismarck soll ihn den „Mann mit den Hyänenaugen" genannt haben. Ein besonders sympathischer Zeitgenosse scheint er nicht gewesen zu sein.

Dennoch soll angeblich diese Speise nach ihm kreiert worden sein, und zwar im Berliner Gourmetrestaurant Borchardt, wo der Geheimrat regelmäßig einkehrte. Die Legende ist unwahr, aber hübsch: Da Holstein sich oft zu Gesprächen mit anderen Politikern traf, soll er immer das ganze Menü auf einmal bestellt haben, um nicht gestört zu werden. Irgendwann habe man ihm – Absicht oder nicht – alles auf einem Teller serviert. Manche Quellen erklären die Entstehung auch damit, dass er es immer eilig hatte und seine Vorspeise samt Schnitzel „schnell, schnell" serviert haben wollte, worauf der Koch irgendwann alles zusammen anrichtete: ein Kalbsschnitzel natur, belegt mit Spiegelei und gehackten Kapern, dazu einige geröstete und mit Fisch belegte Weißbrotscheiben, etwa mit Räucherlachs, Sardellen, Ölsardinen oder Kaviar. Und Bratkartoffeln als Beilage.

Tatsächlich spricht einiges gegen die Legende: Zum einen soll die Graue Eminenz unter einem nervösen Magen gelitten und nicht besonders viel gegessen haben, erst recht keine deftige Hausmannskost, der Herr war Gourmet. Zum anderen hat er diese Kreation nirgends erwähnt – nicht in Tagebüchern oder Briefen, die er zuhauf schrieb. Außerdem: Warum sollten die Leute ausgerechnet das Leibgericht eines so unsympathischen Eigenbrötlers bestellen?

Aufschlussreicher ist ein Blick in alte Kochbücher: Ende des 19. Jahrhunderts, tauchte etwa zur gleichen Zeit wie das Wiener Schnitzel, das „Kalbs-Schnitzel à la Holstein" auf. Es bezieht sich also auf die Region und schmeckte den Schleswig-Holsteinern. Was der Geheimrat Holstein jedoch gern gegessen hat – es bleibt geheim.

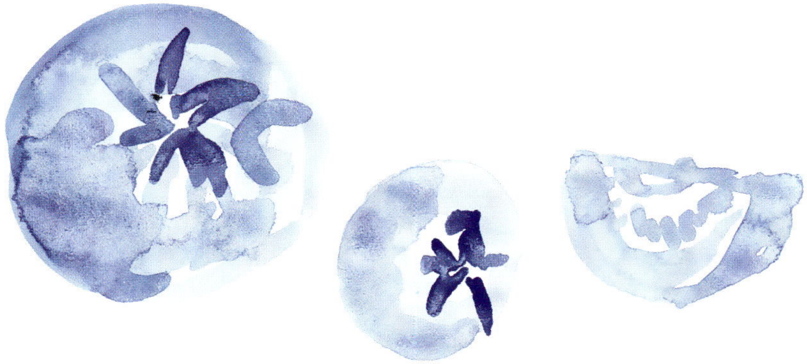

Zubereitungstipps

- Ursprünglich wurde das Holsteiner Schnitzel nur in Mehl gewendet, mit Mie de pain oder Pankomehl wird das Schnitzel jedoch saftiger.
- Der Begriff Setzei heißt im normalen Sprachgebrauch Spiegelei. Fachlich gesehen ist ein Spiegelei jedoch von beiden Seiten angebraten.

Einkaufstipp

Statt des Mie de pain können Sie auch Pankomehl nehmen. Dieses japanische Paniermehl besteht unter anderem aus Weizenmehl, Salz, Zucker, Hefe und pflanzlichem Öl. Darin gebratene Speisen werden besonders knusprig. Erhältlich in asiatischen Lebensmittelgeschäften.

Wer es richtig aussprechen möchte, rollt das R ein wenig und betont das spitze St: Rrrund-s-tück.

RUNDSTÜCK WARM

480 g kleine Kalbsnuss oder Frikandeau (jeweils Teilstücke aus der Keule)

Salz und weißer Pfeffer aus der Mühle

4 Rundstücke

80 g Butter

40 ml Traubenkernöl

20 g Schalotten

100 ml trockener Weißwein

400 ml Kalbsjus (siehe Grundrezepte, Seite 218)

1 Fleischtomate

1 mittlere Gewürzgurke

Braten

Den Backofen auf 125 °C (Umluft) erhitzen. Die Kalbsnuss abtupfen und mit Salz und Pfeffer würzen. Auf ein gefettetes Backblech legen und das Fleisch etwa 25 Minuten rosa braten, sodass es eine Kerntemperatur von 50 °C hat (mit einem Thermometer messen). Herausnehmen und 10 bis 15 Minuten ruhen lassen, dann in 8 Scheiben schneiden.

In der Zwischenzeit die Schalotten schälen und in sehr feine Würfel schneiden. 40 g Butter in einem kleinen Topf erhitzen, die Schalottenwürfel darin leicht anschwitzen. Mit dem Weißwein ablöschen und fast vollständig reduzieren lassen, bis alles sirupartig wird. Dann die Kalbsjus zugeben und ebenfalls auf die Hälfte einkochen.

Rundstück

Die Rundstücke in der Mitte längs halbieren. Die Hälften mit der übrigen Butter bestreichen und die Innenflächen unter dem Grill des Backofens leicht anrösten.

Die Fleischtomaten mit kochend heißem Wasser überbrühen, abziehen und in Scheiben schneiden. Die Gewürzgurken schräg in Scheiben schneiden.

Anrichten

Jeweils eine Brötchenhälfte mit Tomate und Gurke belegen, dann jeweils 2 Scheiben von dem Braten auflegen. Mit Salz und Pfeffer nachwürzen und mit der warmen Sauce leicht überziehen. Zum Schluss das obere Rundstückteil aufsetzen und servieren.

Zubereitungstipp

Früher nahm man für die Rundstücke Bratenreste vom Schwein. Eleganter ist das Gericht mit Kalbsbratenscheiben, die im Kern noch leicht rosa sind.

Einkaufstipps

- Anstelle der Kalbsnuss können Sie bei einem Schlachter Ihres Vertrauens 400 g fertigen Braten kaufen.
- Alternativ eignet sich auch das Fleisch von Schwein, Rind, Lamm oder Wild für dieses Gericht.

EIN RUNDES STÜCK GESCHICHTE: DER STÖRTEBURGER

Die Berliner haben ihre Schrippe, die Bayern ihre Semmel – und Hamburger haben ihr Rundstück. Das nordische Brötchen ist weiß und rund, mit kräftiger Kruste und glatter Oberfläche, ohne Schlitz oder Falte, ganz schnörkellos. Und mit langer Tradition: Schon im 17. Jahrhundert, kurz nach dem Dreißigjährigen Krieg, sollen Hamburger Bäcker es angeboten haben. Wer es richtig aussprechen möchte, rollt das R ein wenig und betont das spitze st: Rrrund-s-tück.

Es war nicht einfach nur ein Brötchen. Als Rundstück warm hat das Backwerk eine eigene Tradition als Imbiss: Nach Sonn- oder Festtagen, wenn etwas Braten übrig geblieben war, schnitt man den in Scheiben und legte ihn mit ein wenig dunkler Bratensauce zwischen zwei Brötchenhälften. Vor allem in Gaststätten wurde es als schnelle Zwischenmahlzeit angeboten, oft mit Gewürzgurke.

Braucht es einen Erfinder für ein so pragmatisches und einfaches Rezept? Offenbar schon, denn auch um diese Speise ranken sich einige Legenden. Eine davon besagt, dass das Rundstück warm der Vorläufer des heute so beliebten Hamburgers gewesen sei. Auf den Auswandererschiffen, die von Hamburg aus Richtung Amerika in See stachen, hätte es den Imbiss schon gegeben. Er ließ sich ohne Weiteres mit der Hand essen, was jenen Passagieren entgegenkam, die sich den Platz im Speisesaal nicht leisten konnten. Eine gewisse Ähnlichkeit ist auch nicht zu leugnen, bis hin zur Gewürzgurke.

In Hamburg sehen manche einen bestimmten Wirt als Erfinder des Rundstücks: Heinrich Heckel, der an der Reeperbahn im heutigen Haus der Spielbank Hamburg ein Bierhaus betrieb, soll es nach dem Zweiten Weltkrieg bekannt gemacht haben – aus der Not heraus, weil er nichts Warmes mehr anzubieten hatte.

Vielleicht geht die Geschichte sogar noch weiter zurück: Vor einigen Jahren meldete sich eine ältere Dame und behauptete, ihr Opa, Robert Renning, sei schon viel eher auf die Idee für das Gericht gekommen. In der „Deutschen Weinhandlung“ in St. Pauli habe er immer kalten Schweinebraten für die Hafenarbeiter gemacht, bis im Winter 1890 drei Männer zu ihm kamen und etwas Warmes zu essen bestellten. Er röstete die Brötchenhälften, machte schnell eine Bratensauce dazu, und fertig war das Rundstück warm, das seinerzeit eine Reichsmark gekostet haben soll. 1922 wurde die Gaststätte geschlossen, und Heckel übernahm sie – inklusive Rundstück. Welche der Versionen ist nun die richtige? Egal, Hauptsache, die Legende wird fortgeführt: Bei Heinz O. Wehmann wird das Rundstück warm fortan Störteburger genannt. Denn vielleicht hat der berühmte Pirat es ja schon als Henkersmahlzeit gegessen ...

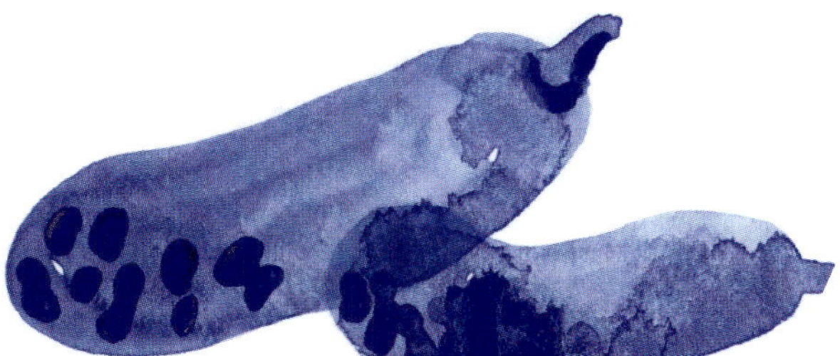

In meiner Grundschulzeit hatte ich eine sehr nette Lehrerin. Wir waren eine riesengroße Klasse (um die 40 Kinder) und haben bei schlechtem Wetter im Klassenraum gefrühstückt. Dann konnte ich bewundern, wie meine Lehrerin ein besonderes Hamburger Rundstück verzehrte, das zur Hälfte ein gebuttertes Brötchen und zur anderen eine Scheibe gebuttertes Schwarzbrot war.

Meine Schwiegermutter hat bei Geburtstagen gern Rundstück warm angeboten. Ursprünglich war das ein Resteessen in Hamburg und kam häufig montags auf den Tisch, dann wurde nur die Soße heiß gemacht, das Fleisch wurde kalt gegessen. Wenn es aber ein Gästessen war, wurde das Fleisch heiß serviert.

Leserrezept

Dieses Rezept stammt von Marlene Schwarz.

Hamburger nennen Labskaus stolz ihr Nationalgericht. Dabei ist es ein altes Seefahrergericht.

NORDISCHES LABSKAUS

Rote-Bete-Salat

220 g frische Rote Bete

4 g rosa Ingwer (eingelegt, im asiatischen Lebensmittelgeschäft erhältlich)

½ TL Salz

10 weiße Pfefferkörner, fein zerstoßen oder gemahlen

40 g Weißweinessig

40 g Zucker

20 ml Traubenkernöl

Labskaus

300 g Zwiebeln

400 g gepökeltes Rindfleisch

1 Lorbeerblatt

Salz und weißer Pfeffer aus der Mühle

250 g mehlig kochende Kartoffeln

Setzei (Spiegelei)

40 ml Traubenkernöl

8 Eier

Salz und weißer Pfeffer aus der Mühle

Garnitur und Beilage

12 Kerbelspitzen

200 g Salzgurken (alternativ Gewürzgurke oder Cornichons)

Rote-Bete-Salat

Die Rote Bete schälen und fein raspeln. Den rosa Ingwer fein hacken. Die Rote Bete, den Ingwer, Salz und Pfeffer, den Essig, den Zucker und das Traubenkernöl vermengen. Das Ganze mindestens sechs Stunden, besser noch über Nacht ziehen lassen.

Nordisches Labskaus

Die Zwiebeln schälen und in grobe Würfel schneiden. Das gepökelte Rindfleisch in grobe Stücke schneiden und in einem großen Topf knapp mit Wasser bedeckt aufkochen, Schaum abschöpfen. Die Zwiebeln und das Lorbeerblatt zugeben, mit Salz und Pfeffer würzen und in etwa 2 bis 2 ½ Stunden bei geringer Hitze knapp unter dem Siedepunkt (95 °C) abgedeckt gar kochen. Das Fleisch herausnehmen und in fingerdicke Würfel schneiden oder mit den Zwiebeln durch eine grobe Scheibe des Fleischwolfes drehen. Die Brühe beiseitestellen.

Die Kartoffeln waschen, schälen und in Salzwasser gar kochen. Abgießen und ausdampfen lassen.

Einen kleinen Teil der Fleischbrühe in einen Topf geben. Das zerkleinerte Rindfleisch und die Zwiebeln hinzugeben. Alles aufkochen lassen, die gekochten Kartoffeln hineinpressen. Mit Salz und Pfeffer abschmecken.

Setzei (Spiegelei)

Das Öl in einer Pfanne erhitzen. Die Eier vorsichtig aufschlagen und darin braten, mit Salz und Pfeffer würzen.

Anrichten

Die Gewürzgurke in Streifen schneiden. Das Labskaus auf vorgewärmte Teller verteilen, den Rote-Bete-Salat und die Gewürzgurke daneben anrichten. Auf das Labskaus jeweils ein Setzei legen und das Gericht mit Kerbelspitzen garnieren.

Zubereitungstipps

- Labskaus wird nicht mit Rote-Bete-Saft gekocht. Die Farbe bekommt das Gericht allein vom dunklen, gepökelten Rindfleisch.
- Zum Schälen der Roten Bete Handschuhe anziehen, sie färben stark ab.
- Besonders dekorativ sind die Eier, wenn sie in Form gebracht werden, etwa als Herz, Kreis, Kleeblatt oder Stern. Dafür gibt es spezielles Zubehör in der Haushaltswarenabteilung.

Einkaufstipp

Nehmen Sie für Ihr Labskaus kein Corned Beef, wie manchmal empfohlen wird, sondern dunkles, gepökeltes Rindfleisch von guter Qualität.

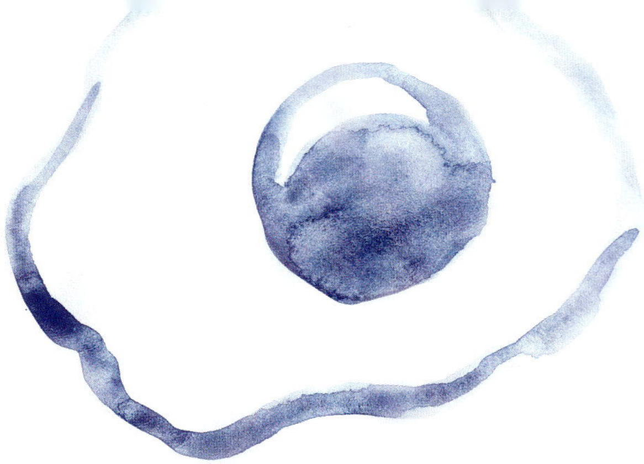

EINE SEEFAHRT, DIE IST LECKER

Für jene, die nicht damit aufgewachsen sind, sieht dieser deftige Eintopf gewöhnungsbedürftig aus: ein rötlicher Brei mit Spiegelei, garniert mit Gewürzgurke und Roter Bete, manchmal auch mit Hering oder Rollmops. Hamburger aber nennen Labskaus stolz ihr Nationalgericht. Dabei ist es ein altes Seefahrergericht. Die Speisekarte auf hoher See war früher sehr übersichtlich. Was an Proviant mitgenommen wurde, war vor allem haltbar: Pökelfleisch, Kartoffeln, Zwiebeln – auch Eier, wenn man Hühner an Bord hatte. Viele Matrosen litten damals an Skorbut, einer Krankheit, die durch Vitamin-C-Mangel entsteht. Ihnen gingen die Zähne aus, viele starben daran. Der Smutje oder Schiffskoch musste sich daher überlegen, wie er eine zunehmend zahnlose Mannschaft satt bekommt. Also zerkleinerte er laut Überlieferung das Fleisch und die Zwiebeln und mischte es mit gestampften Kartoffeln zu einem Brei. Manche behaupten, das Wort Labskaus stamme von dem englischen Begriff „lob's course" ab, was sich mit Wohlwollen als „Speise für derbe Männer" übersetzen lässt. Der Begriff ist seit 1700 erwähnt.

Ein festes Rezept für Labskaus gibt es nicht. Der Smutje verarbeitete, was die Kombüse hergab. Häufig waren das auch Reste – aber kein Abfall, wie oft geunkt wird. Ob nun Fisch mit in den Eintopf gehört, ist umstritten. Einiges spricht dafür, dass er nicht hineingehört: Fisch bekamen die Männer genug zu essen, berichten alte Seefahrer. Wenn Flaute herrschte, warfen sie die Netze aus, der Proviant wurde kaum angerührt. Auch die Rote Bete gehört nicht hinein, sondern wird als Beilage gereicht. Die rötliche Farbe ist auf das Pökelsalz zurückzuführen, nicht auf das Gemüse.

Labskaus

Zutaten (für 8–10 Personen)

3 kg gepökelter Tafelspitz
1 gepökeltes Eisbein (beim Schlachter vorbestellen)
3 Pfund Zwiebeln
4 Pfund Kartoffeln
2–3 Päckchen Butter
Lorbeerblätter
Wacholderbeeren
Porree

Das Fleisch zusammen mit dem Porree, Wacholderbeeren und Lorbeerblättern gar kochen. Zwiebeln pellen und die Kartoffeln gar kochen. Das fertige Fleisch zusammen mit den Zwiebeln durch einen Fleischwolf drehen.
Die feste Fleischmasse mit der Butter portionsweise in der Pfanne anbraten.
Die gekochten Kartoffeln durch den Fleischwolf drehen und zu dem Fleisch hinzufügen. Jetzt durchrühren und mit der Fleischbrühe geschmeidig machen. Nicht zu weich!
Nun mit Pfeffer abschmecken.
Zu einem Labskaus sind die Beilagen das Wichtigste! Rote Beete, Gewürzgurken, Matjes, Rollmops oder Spiegeleier und nach dem Essen einen Aquavit!

Dieses Rezept ist von meinem Vater und wurde schon vor 32 Jahren zu meiner Konfirmation serviert!

Leserrezept

Dieses Rezept stammt von Iris Köster.

Das Pökeln ist eines der ältesten Konservierungsmethoden überhaupt, ebenso wie das Räuchern, das kalt oder heiß erfolgen kann.

HOLSTEINER KATENSCHINKEN MIT STANGENSPARGEL

Spargel

40 Stangen weißer Spargel (ca. 2 kg)
Salz
etwas Zucker

Sauce Hollandaise

3 Eier
1 kleine Zitrone
70 ml trockener Weißwein
250 g Butter
etwas Cayennepfeffer
Salz und weißer Pfeffer aus der Mühle

Schinken

360 g geräucherter Katenschinken, in sehr dünne Scheiben geschnitten

Beilage

Salzkartoffeln

Spargel

Den Stangenspargel schälen, dabei den Spargel je nach Durchmesser vorsortieren und auf eine Länge von 18 cm schneiden. Spargelschalen und -enden mit 2,5 l Wasser in einen Topf geben und mit Salz und etwas Zucker würzen. Alles aufkochen, abdecken und 12 Minuten leicht köcheln lassen. Anschließend durch ein Sieb gießen, den Fond dabei auffangen. Darin den Spargel je nach Durchmesser 6 bis 8 Minuten auf den Punkt garen. Den Spargel herausnehmen und trocken tupfen.

Sauce Hollandaise

In der Zwischenzeit die Eier trennen und die Zitrone auspressen. Die Eigelbe mit dem Weißwein und dem Zitronensaft in einem Topf vermengen und bei milder Hitze im Wasserbad (ca. 75 °C) aufschlagen, bis das Eigelb gebunden ist. Die Butter in einem anderen kleinen Topf zerlassen, sodass sie eine Temperatur von etwa 45 °C hat. Die aufgelöste Butter nach und nach in einem dünnen Strahl unter die aufgeschlagenen Eigelbe gießen, bis eine cremige Konsistenz erreicht ist. Zum Schluss mit Zitronensaft, Cayennepfeffer, Salz und Pfeffer abschmecken.

Anrichten

Den Spargel kreuzweise auf die vorgewärmten Teller oder auf eine Platte legen. Den Schinken daneben anrichten, die Sauce Hollandaise und die Kartoffeln extra dazu reichen.

Zubereitungstipps

- Achten Sie darauf, dass die Flüssigkeitsmenge (Weißwein) und die Eigelbe das gleiche Gewicht haben.
- Besonders wichtig ist, die Eigelbe nicht zu salzen, bevor sie fertig aufgeschlagen sind, sonst hat die Masse weniger Volumen und ist weniger cremig.
- Sollten Sie die Sauce Hollandaise nicht im letzten Moment herstellen wollen, stellen Sie die fertige Sauce bei einer Temperatur von 35 °C auf dem Herd warm.

Einkaufstipp

Früher wurde der Katenschinken sehr dick aufgeschnitten, weil er sich mit einem normalen Messer schlecht schneiden lässt. Dünn aufgeschnitten wirkt er viel eleganter.

ALLES SALZ UND RAUCH

Wer genießen will, muss warten können. Das trifft in erster Linie auf den Spargel zu, dessen Saison sich auf wenige Wochen im Frühjahr beschränkt, aber auch auf seinen besten Begleiter, den Holsteiner Katenschinken, ohne den der Spargelgenuss im Norden nur das halbe Vergnügen ist. Denn wie bei vielen hochwertigen Lebensmitteln sind bei ihm Zeit und Geduld mit die wichtigsten Zutaten: Der traditionelle Herstellungsprozess dauert viele Monate. Zunächst wird der Rohschinken etwa vier Wochen lang immer wieder von Hand trocken mit Salz und Gewürzen eingerieben, dann weitere acht bis zehn Wochen, manchmal sogar einem halben Jahr über Buchenholz kaltgeräuchert, bei einer Temperatur von bis zu 25 Grad Celsius. Anschließend darf er noch etwa sechs Monate nachreifen, bis er seinen optimalen Geschmack erreicht hat und verkauft werden kann. In dieser Zeit verliert er an Wasser und wird etwas fester; nicht ganz so fest wie etwa der Schwarzwälder Schinken, dafür ist er milder. Typisch ist seine rote Farbe und sein leicht nussiger Geschmack.

Das Pökeln ist eine der ältesten Konservierungsmethoden überhaupt, ebenso wie das Räuchern, das kalt oder heiß erfolgen kann. Das Kalträuchern ist auf die damaligen Wohnverhältnisse der Holsteiner Landbevölkerung zurückzuführen. Die Menschen lebten in Häusern mit offener Feuerstelle ohne Schornstein, der Rauch war allgegenwärtig. Also nutzte man ihn, um das Fleisch haltbar zu machen. Es war lange die einzige Möglichkeit der Konservierung, denn das Trocknen an der Luft kam wegen der hohen Luftfeuchtigkeit kaum infrage.

Die Bauern haben den Katenschinken lange Zeit fast nur für den Eigenbedarf hergestellt, etwa bis Mitte des 19. Jahrhunderts. Zwar soll er bereits um 1600 als Schinkendelikatesse erwähnt und im 18. Jahrhundert gegen Zucker und Rum aus der Karibik getauscht worden sein. Doch erst mit Beginn der Industrialisierung wurde aus dem häuslichen Handwerk ein einträgliches Geschäft – und aus dem Katenschinken ein regionaler Exportschlager.

Linsen sind sehr gefragt.
Wieder, sollte hinzugefügt werden,
denn zwischendurch waren sie als
Armeleuteessen verschrien.

LINSENEINTOPF

140 g kleine braune Linsen
60 g Zwiebeln
50 g Sellerie
40 g Möhren
50 g Lauch
2 Knoblauchzehen
80 g geräucherter Speck, in dünne Scheiben geschnitten
25 g glatte Petersilie
50 g Butter
40 g Tomatenmark
2 Lorbeerblätter
1 l Geflügelfond
4 Kochwürste
Salz und weißer Pfeffer aus der Mühle
20 ml Weißweinessig

Die Linsen einen halben Tag vorher, am besten über Nacht, in Wasser einweichen. Die Zwiebeln schälen und in mittelfeine Würfel schneiden. Sellerie, Möhren und Lauch waschen und putzen oder schälen und in 6 x 6 mm große Stücke schneiden. Knoblauch schälen und in feine Scheiben schneiden. Den Speck in kleine Würfel schneiden. Von der Petersilie einige Spitzen für die Garnitur abzupfen, den Rest fein hacken.

Die Butter in einem Topf erhitzen, Zwiebel- und Speckwürfel darin anschwitzen. Linsen, Tomatenmark und Lorbeerblätter zugeben. Mit Geflügelfond auffüllen. Den Topf abdecken und die Linsen etwa 1 Stunde bei geringer Hitze köcheln lassen. 20 Minuten vor Ende der Garzeit die Gemüsewürfel zugeben und mitgaren.

Die geräucherte Kochwurst in die Suppe geben und etwa 8 Minuten mitgaren. Die Kochwurst im fertigen Eintopf für 7 Minuten gar ziehen lassen, herausnehmen und schräg in Scheiben schneiden. Den Linseneintopf zum Schluss mit der gehackten Petersilie, Salz, Pfeffer und Essig abschmecken.

Anrichten

Den Linseneintopf in tiefe Teller geben, die Kochwurstscheiben auflegen und mit Petersilienspitzen garnieren.

Zubereitungstipp

Normale Linsen sollten Sie vorher einweichen. Je größer die Linsen, desto länger die Einweichzeit. Wenn Sie auf das Einweichen verzichten, verlängert sich die Garzeit.

Einkaufstipp

Besonders empfehlenswert ist dieses traditionelle Gericht, wenn Sie statt der kleinen braunen Linsen feine Champagner-Linsen (Pantelleria-Linsen) oder grüne Le-Puy-Linsen (La Lentille Verte du Puy) probieren. Wichtig ist nur, dass Sie kleine Linsen verwenden.

DIE GUTEN INS TÖPFCHEN

In alten Büchern über die Ernährung früherer Generationen in Deutschland wird die Linse oft in einem Atemzug mit der Erbse genannt. Vor allem für die ländliche Bevölkerung waren beide als Eiweißlieferanten überlebenswichtig, und lange Zeit wurde die Linse, eine uralte Kulturpflanze, auch auf deutschen Böden kultiviert. Sogar vor 100 Jahren war ihr Anbau noch weit verbreitet, erst Mitte des 20. Jahrhunderts verschwand sie von den Äckern. Die Erträge waren zu gering im Vergleich zu dem hohen Arbeitsaufwand, den das Anbauen, Ernten, Trocknen und Reinigen mit sich brachte. Heute werden Linsen in Deutschland so gut wie gar nicht mehr angebaut, und wenn doch, greifen Landwirte auf italienische oder französische Sorten zurück. Nur vereinzelt gibt es Versuche, alte deutsche Sorten wieder zu etablieren.

Dabei sind Linsen sehr gefragt. Wieder, sollte hinzugefügt werden, denn zwischendurch waren sie als Armeleuteessen verschrien. Heute jedoch sind sie wieder auf den Tellern der Feinschmecker zu finden, als Salat oder Bratling, Suppe oder Eintopf, zubereitet nach Rezepten aus aller Welt, denn sie werden überall gern gegessen. Am besten schmeckt es Traditionalisten aber wie in Norddeutschland üblich: deftig mit Speck und Würsten.

Die Ochsenschwänze sollten von jungen Tieren stammen und gut abgehangen sein, sonst verlängert sich die Garzeit und das Fleisch bleibt etwas faserig.

OCHSENSCHWANZ

MIT WIRSINGGEMÜSE UND ROTWEINSAUCE

Ochsenschwanz

1,6 kg Ochsenschwanz, in dicke Scheiben geschnitten
Salz und weißer Pfeffer
1 Zwiebel (50 g)
25 g Knollensellerie
25 g Petersilienwurzel
1 kleine Knoblauchzehe
1 Zweig Thymian
½ Zweig Rosmarin
100 g Butterschmalz
6 weiße Pfefferkörner
6 Pimentkörner
20 g Tomatenmark
500 ml Rotwein
10 ml Rotweinessig
300 g Schweinenetz

Wirsinggemüse

600 g Wirsing
100 g Zwiebeln
100 g Speck
150 g Crème double

Füllung

80 g Pfifferlinge, geputzt
80 g Steinpilze
2 Schalotten
15 g magerer Speck, in Scheiben geschnitten
25 g Butter
120 g Vollkorn-Toastbrot
5 g Petersilie
5 g Schnittlauch
5 g Kerbel
Salz und weißer Pfeffer aus der Mühle
100 ml süße Sahne
1 Ei (ca. 60 g)
frische Muskatnuss

Beilage

Stampfkartoffeln

Ochsenschwanz

Den Backofen auf 130 °C vorheizen. Die Ochsenschwanzstücke mit Salz und Pfeffer würzen. Zwiebeln schälen und vierteln. Sellerie und Petersilienwurzel putzen und in grobe Würfel schneiden. Knoblauch schälen und ebenfalls grob würfeln. Thymian und Rosmarin waschen und trocken tupfen, die Blätter und Nadeln abzupfen und fein hacken.

Butterschmalz in einem Bratentopf erhitzen und die Ochsenschwanzstücke darin rundherum kräftig anbraten. Das Fleisch herausnehmen und einen Teil des Bratfetts abgießen. Zwiebeln und Knoblauch sowie das Gemüse in dem Topf anrösten. Wenn das Gemüse Farbe genommen hat, Thymian, Rosmarin, Pfeffer- und Pimentkörner sowie das Tomatenmark zufügen und ebenfalls anrösten. Mit dem Rotwein ein- bis zweimal ablöschen, dabei jeweils die Flüssigkeit fast vollständig verdunsten lassen. Dadurch bekommt der Fond mehr Röststoffe, die Sauce schmeckt aromatischer. Die Ochsenschwanzstücke in die kochende Flüssigkeit geben und den Bratentopf mit Wasser auffüllen, bis alles knapp bedeckt ist. Abgedeckt im Ofen etwa 4 bis 4,5 Stunden garen lassen.

Die Ochsenschwanzstücke aus dem Fond nehmen und etwas abkühlen lassen. Das Fleisch aus den Segmenten lösen, bei Bedarf mit dem Messer etwas nachhelfen. Die Ochsenschwanzstücke flach auf ein Blech legen und nachwürzen, dabei so legen, dass sie später wieder zu ihrer ursprünglichen Form zusammengebunden und gefüllt werden können.

Die Rotweinsauce durch ein feines Sieb passieren, erneut erhitzen und reduzieren lassen, sodass etwa ein Viertel Liter davon übrig bleibt. Zum Schluss mit etwas Rotweinessig abschmecken. »

Zubereitungstipps

- Das Fleisch in den Ochsenschwanzstücken ist in unterschiedlich große Segmente geteilt. Kleinere Stücke sind daher eher gar. Nehmen Sie diese unter Umständen früher heraus – sie lassen sich in der Regel leicht vom Knochen lösen.
- Beachten Sie, dass die Garzeit von Kohl zu Kohl variieren kann: Je fester der Wirsing ist, desto länger muss er garen. Wichtig ist auch, dass Sie ihn sofort servieren, sonst verliert er an Farbe.

Füllung

Die Pilze in mittelfeine Würfel à ca. 5 mm schneiden. Schalotten schälen. Schalotten, Speck und Toastbrot fein würfeln. Die Kräuter waschen, trocken tupfen und fein hacken. Die Toastbrotwürfel in der Pfanne rösten und herausnehmen. Die Butter in der Pfanne erhitzen, die Speckwürfel darin kross braten und herausnehmen. Die Pilze in der Pfanne anschwitzen, dann die Schalotten kurz mitdünsten und alles mit Salz und Pfeffer würzen. Alle Zutaten gut abkühlen lassen.

Den Backofen auf 140 °C vorheizen. Dann die Pilze und Schalotten, den Speck, das Toastbrot, die Kräuter, die Sahne und das Ei vorsichtig in einer Schüssel miteinander vermengen und abschmecken. Diese Masse in kleine Klöße formen. Die Fleischstücke so um sie herumlegen, dass die ursprüngliche Ochsenschwanzform entsteht. Die einzelnen Stücke jeweils in Schweinenetz einhüllen und auf ein tiefes Backblech setzen. Etwas Wasser dazugießen und im Backofen etwa 30 Minuten garen. Herausnehmen, überschüssiges Schweinenetz entfernen und warm stellen.

Wirsinggemüse

Die äußeren dunklen grünen Wirsingblätter entfernen. Den Kohl vierteln, den Strunk und die hellgrünen Blätter entfernen, die mittelgrünen schräg in 3 mm feine Streifen schneiden. Die Zwiebel schälen. Zwiebel und Speck in feine Würfel schneiden. Die Butter in einem Topf erhitzen, die Speckwürfel darin kross braten. Die Zwiebelwürfel zugeben und kurz mitgaren. Die Kohlstreifen und etwas Crème double zugeben, mit Salz, Pfeffer und Muskatnuss würzen. Den Kohl abgedeckt bei mittlerer Hitze etwa 5 bis 6 Minuten weitergaren, dabei nach und nach die übrige Crème double zugeben. Die Flüssigkeit sollte zum Schluss fast vollständig verkocht sein, das Wirsinggemüse eine cremige Konsistenz haben.

Anrichten

Das Wirsinggemüse auf vorgewärmte Teller verteilen und jeweils mit einem gefüllten Ochsenschwanzstück belegen. Mit der Rotweinsauce überziehen. Stampfkartoffeln extra dazu reichen.

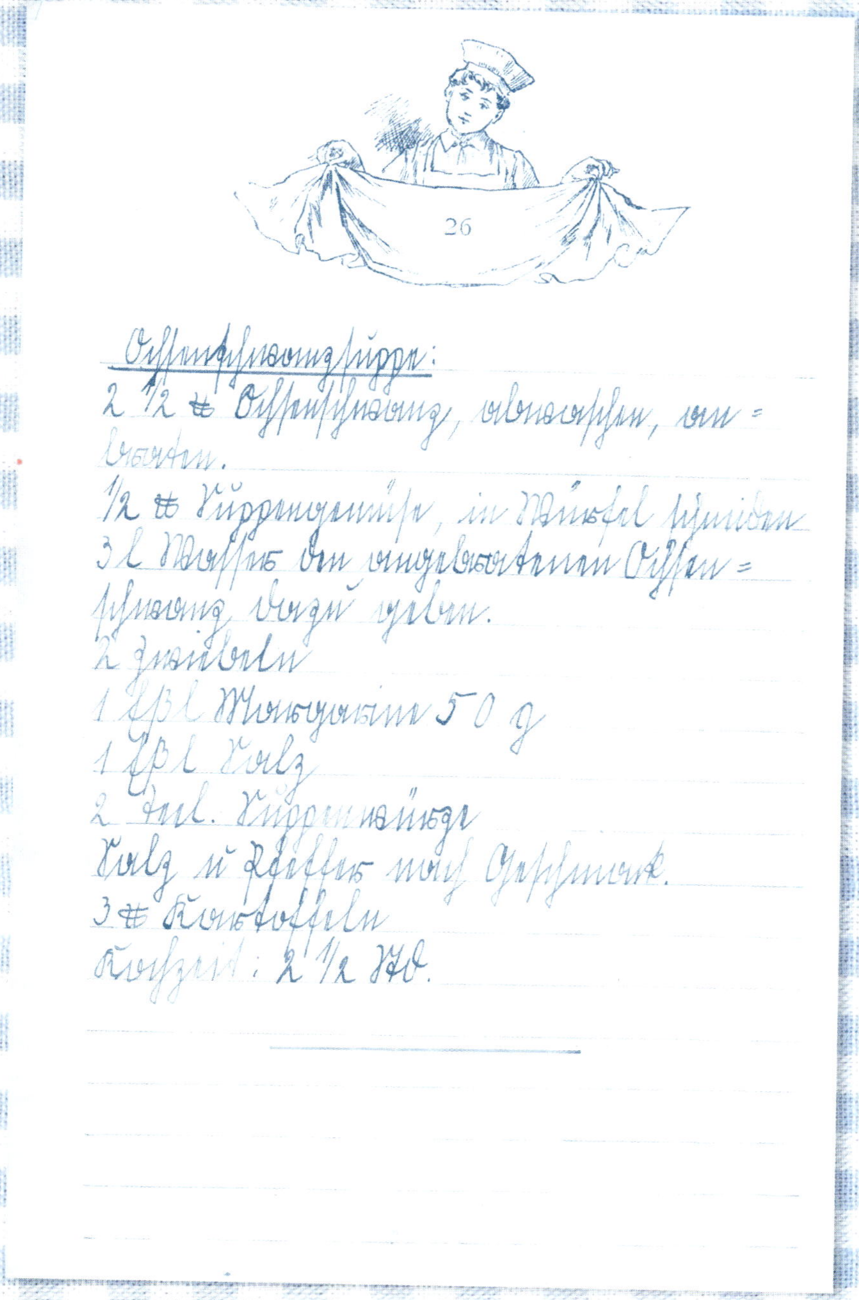
26

Ochsenschwanzsuppe:
2 1/2 Pfd Ochsenschwanz, abwaschen, anbraten.
1/2 Pfd Suppengemüse, in Würfel schneiden
3 l Wasser den angebratenen Ochsenschwanz dazu geben.
2 Zwiebeln
1 Eßl Margarine 50 g
1 Eßl Salz
2 Tel. Suppenwürze
Salz u Pfeffer nach Geschmack.
3 Pfd Kartoffeln
Kochzeit: 2 1/2 Std.

Leserrezept

Dieses Rezept stammt von Ilse Neumann.

DIE FEINE ENGLISCHE ODER FRANZÖSISCHE ART

Die meisten Menschen haben schon einmal eine Ochsenschwanzsuppe gegessen oder zumindest von ihr gehört – in Hamburg allemal, wo sie zu den Traditionsgerichten der gutbürgerlichen Küche zählt. Das deutsche Suppeninstitut sieht ihren Ursprung sogar hier. Gemeinhin gilt die Ochsenschwanzsuppe aber als klassisch englisch, dabei ist gut möglich, dass ihre Wurzeln in Frankreich liegen. Einigen alten englischen Quellen zufolge haben die Hugenotten sie mit nach England gebracht. Daneben kursiert eine weitere Legende mit Frankreich als Herkunftsland: In der Zeit der Französischen Revolution soll ein verarmter Adeliger gesehen haben, wie in einer Gerberei die Schwänze von den Ochsenhäuten abgeschnitten und weggeworfen wurden. Daraufhin habe er um einige Exemplare gebeten und sich daraus ein schmackhaftes Essen gekocht.

Wie auch immer, der kräftige Geschmack der knorpeligen Fleischscheiben macht sich nicht nur in der klaren oder gebundenen Suppe gut, sondern auch in Fleischbrühen, dunklen Saucen, Ragouts und Schmorgerichten. In manchen norddeutschen Gourmetrestaurants werden sie auch gefüllt angeboten und kommen dann als eine Art Mini-Rollbraten auf den Tisch – ein kulinarisches Kunstwerk, das selbst auf dem besten Weg ist, eine Tradition zu werden.

Aus Schleswig-Holstein stammt das Angler Rind, eine alte Rinderrasse, die es mindestens seit dem 16. Jahrhundert gibt.

RINDERROULADE

Roulade

300 g Zwiebeln
40 g Butter
1 große Gewürzgurke
4 Scheiben Rinderhüfte
Salz und weißer Pfeffer
60 g Senf
8 Scheiben magerer Speck (2 mm dick)
30 ml Traubenkernöl
2 Lorbeerblätter
1/4 EL Pimentkörner (15 g)
25 g Tomatenmark, zweifach konzentriert
400 ml Rotwein

Glacierte Möhren

40 g Schalotten
400 g Möhren
40 g Butter
20 g Zucker

Beilage

Stampfkartoffeln

Roulade

Die Zwiebeln schälen. 200 g davon in Streifen, den Rest in Würfel schneiden. Die Butter in einer Pfanne erhitzen, die Zwiebelstreifen darin goldgelb braten und für die Rouladen beiseitestellen. Die Gewürzgurke vierteln.

Das Fleisch abtupfen und auslegen, von beiden Seiten mit Salz und Pfeffer würzen. Jede Scheibe mit Senf bestreichen und jeweils 2 Speckscheiben auflegen. Je 50 g Zwiebeln auf einer Scheibe verteilen, je ein Viertel Gewürzgurke dazulegen, anschließend die Rouladen einrollen und mit Spießen fixieren. Noch einmal mit Salz und Pfeffer würzen. Das Öl in einem Bräter erhitzen, die Rouladen darin von allen Seiten scharf anbraten.

Den Backofen auf 160 °C (Umluft) vorheizen. Die Rouladen aus dem Bräter herausnehmen. Die Zwiebelwürfel, die Lorbeerblätter und die Pimentkörner darin anschwitzen. Das Tomatenmark einrühren und kurz anrösten, dann alles 2- bis 3-mal mit dem Rotwein ablöschen und diesen fast vollständig einkochen lassen. Anschließend mit 1 l Wasser auffüllen und die Rouladen wieder zugeben. Im Ofen mit Deckel auf mittlerer Schiene etwa 70 Minuten garen. Die Rouladen herausnehmen, die Sauce durch ein feines Sieb streichen, auf Wunsch noch etwas reduzieren lassen und abschmecken.

Glacierte Möhren

Die Schalotten schälen und in feine Würfel schneiden. Die Möhren schälen und in 5 mm dicke und 6 cm lange Stäbchen schneiden. Butter in einem kleinen Topf erhitzen, die Schalotten darin mit etwas Zucker leicht anschwitzen. Die Möhren zugeben, 50 ml Wasser zufügen und mit Deckel etwa 5 Minuten dämpfen. Zum Schluss mit Salz und Pfeffer abschmecken.

Anrichten

Auf den vorgewärmten Tellern die glacierten Möhren und darauf die Rinderrouladen anrichten. Die Sauce und die Stampfkartoffeln extra dazu servieren.

Einkaufstipp

Das Fleisch jeweils 7 bis 8 mm dick, 25 cm lang, vom Schlachter zuschneiden lassen.

DAMIT WICKELN SIE JEDEN EIN

Eine der weltweit wichtigsten Rinderrassen kommt aus Norddeutschland und heißt Holstein. Allerdings sind die schwarzbunten und rotbunten Tiere mit den langen Beinen Leistungsträger der Milch- und nicht der Fleischwirtschaft. Dafür gibt es andere Tiere, die aber nicht unbedingt aus dem Norden kommen – mit einer Ausnahme: Aus Schleswig-Holstein stammt das Angler Rind, eine alte Rinderrasse, die es mindestens seit dem 16. Jahrhundert gibt und die früher den Spitznamen „Butterkuh" hatte, weil ihre Milch mit 5,4 Prozent Fett sehr gehaltvoll war. Da es sowohl Fleisch als auch Milch liefert, zählt diese Rasse zu den sogenannten Zweinutzungsrassen.

1937 wurden laut SlowFood noch 81000 Angler Rinder in der Region gehalten. Heute gibt es nur noch 360 weibliche und zehn männliche Tiere, ein dramatischer Schwund, der dem Aufkommen von Hochleistungskühen geschuldet ist. Und doch eine Verbesserung, denn im Jahr 2000 gab es nur noch 60 Rinder, woraufhin die Gesellschaft zur Erhaltung alter und gefährdeter Haustierrassen (GEH) das Angler Rind 2002 zur gefährdeten Nutztierrasse erklärte.

Sauer eingemachtes Fleisch stammt aus einer Zeit, als am Schlachttag möglichst schnell alle Teile des Tieres verarbeitet werden mussten.

SAUERFLEISCH

Grundfond

100 g Schalotten
10 Blatt Gelatine
150 g Suppengrün (Sellerie, Möhren und Lauch)
100 g Zwiebeln
2 Lorbeerblätter
4 g Pimentkörner
4 g Senfkörner
3 Nelken
8 g Wacholderbeeren
500 g Schweinebauch
500 g Schweinenacken
250 g Weißweinessig
15 g Salz
Salz und weißer Pfeffer aus der Mühle

Beilage

Knusprige Bratkartoffeln

Grundfond

Die Schalotten nur schälen. Die Gelatine im kalten Wasser einweichen. Das Suppengrün waschen, putzen, schälen und zusammenbinden. Die Zwiebeln halbieren und in einer Pfanne ohne Öl, mit der Schnittfläche nach unten einige Minuten rösten. Die Lorbeerblätter, Pimentkörner, Senfkörner, Nelken und Wacholderbeeren in einen Teebeutel geben und verschließen.

Schweinebauch und Schweinenacken mit Essig und 1,5 l Wasser kalt aufsetzen und aufkochen. Schaum abschöpfen, dann das Salz, die gerösteten Zwiebelhälften und das Gewürzsäckchen hinzugeben und das Fleisch etwa 45 Minuten bei geringer Hitze garen. Die Schalotten und das Suppengrün hinzufügen und etwa noch eine weitere halbe Stunde mitkochen.

Sauerfleisch

Das Fleisch aus dem Fond nehmen, abkühlen lassen und jeweils in 4 Scheiben schneiden. Den Fond durch ein Tuch oder feines Sieb passieren, 1,2 l wieder in den Topf gießen. Die Gelatine ausdrücken und im heißen Fond auflösen. Passende Gläser oder kleine Schalen mit etwas Fond ausgießen und den Fond anstocken lassen. Darauf die Schalotten, das Gemüse und das Fleisch in Schichten hineingeben. Das Glas nach jeder neuen Schicht in den Kühlschrank stellen, damit es schneller anstockt als die restliche Masse (siehe Zubereitungstipps). Eventuell zwischendurch mit etwas Salz und Pfeffer abschmecken. Zum Schluss mit dem restlichen Fond auffüllen und kalt stellen.

Anrichten

Die Formen oder Gläser mit der gestockten Tellersülze kurz unter heißem Wasser erwärmen und auf die vorbereiteten Teller stürzen. Die Bratkartoffeln extra servieren.

Einkaufstipp

Wer es nicht so fett mag, kann etwas mehr Schweinenacken und weniger Schweinebauch nehmen.

Zubereitungstipps

- Wichtig ist, dass Sie den Fond immer wieder mit einer Kelle abschäumen und entfetten. Dadurch wird der Fond klarer. Wichtig ist auch, das Fleisch mit Essig und Wasser kalt aufzusetzen. Falls Sie den Fond später mit Essig nachwürzen, wird er trüb.
- Wenn Sie das Suppengemüse mit ins Glas schichten, sollte es weich sein, nicht bissfest.
- Beim Einfüllen brauchen Sie etwas Fingerspitzengefühl: Die Masse im Glas sollte so fest sein, dass sie sich mit der folgenden Lage nicht vermischt. Der Trick ist, das Gefäß, in dem die Sülze zubereitet wird, zwischendurch immer wieder in den Kühlschrank zu stellen. Dann ist die eingefüllte Masse schon etwas fester, während die nächste Schicht noch flüssig ist. Sie darf aber nicht zu fest werden, sonst verbinden sich die einzelnen Schichten zum Schluss nicht.

DAS SAUERFLEISCH MACHTE NICHT IMMER LUSTIG

Ähnlich wie eine Sülze ist auch diese regionale Spezialität in gelierte Brühe eingelegtes Fleisch, mit dem Unterschied, dass das Fleisch sauer eingemacht, also in Weißweinessig gekocht wird. Diese Methode der Konservierung ist typisch für die bäuerliche Küche und stammt aus einer Zeit, als am Schlachttag möglichst schnell alle Teile des Tieres verarbeitet werden mussten, um sie haltbar zu machen. Der besondere Geschmack ist Gewürzen wie Lorbeerblättern, Wacholderbeeren, Piment- und Senfkörnern zu verdanken, manchmal wurden auch Zwiebeln mitgekocht. Das in eine Form geschichtete Sauerfleisch isst man kalt und in Scheiben geschnitten mit Bratkartoffeln und Remoulade.

So begehrt diese Delikatesse im Norden auch ist – die Hamburger haben auch schlechte Erfahrungen mit Sülze gemacht. 1919 deckten Arbeiter zufällig einen Lebensmittelskandal auf, der später als Hamburger Sülzeunruhen in die Geschichte einging. Bei einer Straßenpanne wurde ein Fass einer Hamburger Fleischwarenfabrik beschädigt, die damals Delikatess-Sülze herstellte. Es war die Nachkriegszeit. Die Menschen waren ausgemergelt und hungrig. Der Inhalt der Fässer, eine breiige, stinkende Masse, ergoss sich auf die Straße und entsetzte die Anwesenden. Einige Männer drangen daraufhin in die Sülzefabrik ein, um zu überprüfen, was genau dort zu Sülze verarbeitet wurde, und fanden neben vielem Unappetitlichen auch große Mengen an stark schimmelnden Fellen und Häuten. Immer mehr Schaulustige kamen hinzu, drängten sich auf engstem Raum, die Stimmung kippte. „Der Unmut über die Anblicke, die sich im Betrieb dargeboten hatten, schlug vor dem Hintergrund der gemeinsam erlebten Frustration über Nahrungsmangel und -qualität […] schnell in offene Aggression um“, schreibt Sven Philipski in „Die Hamburger Sülzeunruhen 1919“. Der Fabrikant wurde verprügelt und in die Alster geworfen, konnte aber gerettet und ins Rathaus gebracht werden. Die aufgebrachten Menschen versuchten sogar, das Rathaus zu stürmen. Die Situation eskalierte, es kam zu bewaffneten Kämpfen, bis der Hamburger Senat schließlich Hilfe von den Reichswehrtruppen anforderte.

Ein Grund mehr, solche Delikatessen nur von vertrauenswürdigen Schlachtern zu kaufen – oder sie selbst zuzubereiten.

GEFLÜGEL

Flatter männer

Das Gericht ist 200 Jahre alt und kam vor allem bei wohlhabenden Bürgern auf den Tisch.

BREMER KÜKENRAGOUT

4 Stubenküken à 350 g
220 g Möhren
200 g frische Erbsenschoten (netto ca. 70 g)
1 Schalotte (50 g)
200 g Pfifferlinge
120 g gepökelte Kalbszunge, gekocht
15 g Estragon
250 ml Sahne
Salz
20 kleine Flusskrebse à 40 bis 50 g
2 g Kümmel, ganz
weißer Pfeffer aus der Mühle
etwas Zucker
90 g Butter
40 g Mehl
150 ml Weißwein

Vorbereitung

Die Stubenküken auslösen, das heißt die Brust und die Keulen abtrennen. Von den Keulen den Oberschenkelknochen entfernen, den Unterschenkelknochen in Richtung Fuß sauber putzen und den Flügelknochen der Brust freilegen. Anschließend die Haut abziehen und die Karkassen (das Knochengerüst) hacken. (Das alles kann auch der Schlachter erledigen.) Die Möhren waschen, schälen und in 0,5 x 4 cm große Stifte schneiden. Die Erbsen aus den Schoten herauslösen. Die Schalotte schälen und in feine Würfel schneiden. Die Pfifferlinge gründlich putzen. Die Kalbszunge in 1 x 1 cm große Würfel schneiden und beiseitestellen. Den Estragon waschen, abtropfen lassen und 4 Spitzen abzupfen, die restlichen Blätter ebenfalls abzupfen und fein schneiden. 100 ml von der Sahne steif schlagen.

Geflügelfond

In einem schmalen, hohen Topf die Karkassen in etwa 1 bis 1,2 l Wasser aufkochen. Schaum und Fett mit einer Kelle abschöpfen, anschließend salzen und etwas von den Möhren- und Zwiebelschalen zugeben. Alles abgedeckt bei mittlerer Hitze etwa 1,5 Stunden köcheln lassen. Diesen Geflügelfond durch ein feines Sieb gießen und beiseitestellen. Hiervon werden später 400 ml benötigt.

Flusskrebse

Etwa 3 l Wasser mit etwas Kümmel sprudelnd aufkochen lassen. Die Flusskrebse zugeben, sofort mit einem Deckel verschließen und etwa 5 Minuten am Siedepunkt köcheln lassen. Herausnehmen, die Krebsschwänze ablösen und das Fleisch von der Karkasse lösen. Den Darm entfernen. Das Krebsfleisch beiseitestellen.

Gemüse

30 g Butter in einer Pfanne erhitzen, die Pfifferlinge darin anbraten, mit Salz und Pfeffer würzen und beiseitestellen. Die Möhren in etwas Geflügelfond ca. 3 Minuten garen und warm stellen. Die frischen Erbsen separat in etwas Geflügelfond und Zucker ca. 4 Minuten garen und abschrecken.

Stubenküken

40 g Butter und 40 g Mehl zu Mehlbutter verkneten. Die Schalottenwürfel in der restlichen Butter

DA LACHEN JA DIE HÄHNCHEN

Der Name ist ein wenig irreführend. In diesem Ragout landen keine kleinen, frisch geschlüpften Küken, sondern junge Hühner, die aber auch nur wenige Wochen alt sind. Der Name geht auf die Stubenküken zurück, die früher hierfür verwendet wurden, eine Hamburger Spezialität (vgl. Seite 34). Heute kommt auch normales Hähnchenfleisch zum Einsatz.

Die Bremer bezeichnen das Kükenragout seit Generationen als ihr Leibgericht, manchen Quellen zufolge ist es mindestens 200 Jahre alt. Bei der Zutatenliste kann man davon ausgehen, dass es vor allem bei wohlhabenden Bürgern auf den Tisch kam: Kalbszunge, Kalbsbries oder beides, Flusskrebsschwänze oder Krabben, Hackbällchen und Morcheln – je nach Rezept variieren die Angaben etwas, aber es ist und war eine edle Speise. Heute sind manchmal auch Würstchen darin zu finden, was traditionsbewussten Feinschmeckern überhaupt nicht gefällt. Erlaubt, weil typisch, sind hingegen kleine, feine Blätterteig-Halbmonde.

anschwitzen, mit Weißwein ablöschen und fast vollständig verdunsten lassen. Mit dem Grundfond auffüllen, die übrige Sahne zugeben und aufkochen. Die Kükenteile mit Salz und Pfeffer würzen. Erst die Keulen in den Geflügelfond geben und vier Minuten garen, dann die Brüste zufügen und vier weitere Minuten garen. Die Kükenteile herausnehmen und warm stellen. Den Fond mit der Mehlbutter abbinden, mit Salz und Pfeffer abschmecken und mit dem Stabmixer aufschlagen.

Die Kükenteile, das Gemüse und die Pilze, das Flusskrebsfleisch und die Kalbszungenwürfel in der Geflügelsahnesauce erhitzen, den Estragon und die geschlagene Sahne unterheben. Nochmals abschmecken.

Anrichten

Das Ragout auf vorgewärmte tiefe Teller geben, mit den Estragonspitzen garnieren und servieren.

Einkaufstipp

Als Alternative zu den Pfifferlingen können Sie auch Morcheln, Champignons oder Egerlinge verwenden.

Der Begriff Vierländer Ente ist nicht geschützt, dennoch ist sie in der Regel nur hier erhältlich. Sie wird eher auf kleineren Höfen gezüchtet, wo die Enten langsam aufgezogen werden.

VIERLÄNDER ENTE

Sauce

500 g Entenklein, in walnussgroße Stücke gehackt

100 g Röstgemüse (Sellerie, Möhren, Lauch)

Etwas Entenfett

20 g Tomatenmark

Etwas Salbei

2 Lorbeerblätter

10 weiße Pfefferkörner

150 ml trockener Weißwein

0,5 g Bergpfeffer

Enten

2 Vierländer Enten à ca. 2,1 kg

Salz und weißer Pfeffer aus der Mühle

Pilze

500 g Pfifferlinge

50 g Schalotten

10 g Schnittlauch

60 g Butter

Salz und weißer Pfeffer aus der Mühle

Kirschen

32 Süßkirschen mit Stiel

30 g Butter

30 g Zucker

6 cl Kirschlikör

60 g Kirschgelee

Sauce

Den Backofen auf 180 °C (Umluft) vorheizen. Das Entenklein waschen, trocken tupfen und auf ein gefettetes Backblech geben. Im heißen Ofen 20 Minuten anrösten. Das Gemüse putzen, waschen und in grobe Stücke schneiden. Das Entenfett in einem Topf erhitzen, das Gemüse darin anrösten. Das Tomatenmark unterrühren und kurz mitrösten. Dann das Entenklein, den Salbei und die Gewürze hineingeben und alles 2- bis 3-mal mit dem Weißwein ablöschen. Mit Wasser auffüllen, bis alles knapp bedeckt ist, und abgedeckt etwa 4 Stunden bei geringer Hitze köcheln lassen. Danach durch ein feines Sieb gießen, erneut erhitzen und auf 250 ml reduzieren lassen. Zum Schluss mit dem Bergpfeffer abschmecken.

Vierländer Ente

Den Backofen auf 210 °C vorheizen. Die beiden Enten gründlich waschen, trocken tupfen und in Form binden (evtl. vom Schlachter erledigen lassen). Mit Salz und Pfeffer würzen. 750 ml Wasser in ein hohes Backblech füllen, dieses in den Ofen auf den Boden schieben. Ein Gitter darüber platzieren, die Enten darauf legen und etwa 65 bis 75 Minuten braten, bis sie gar und knusprig sind. Zwischendurch die Ente immer wieder mit Bratfett übergießen und kontrollieren, ob evtl. Flüssigkeit ins Backblech nachgegeben werden muss. Herausnehmen und vor dem Servieren einige Zeit ruhen lassen. »

Zubereitungstipps

- Das hohe Backblech mit Wasser soll verhindern, dass Bratfett an die Ofenwände spritzt und verbrennt. So tropft das Fett zuerst ins Wasser.
- Wenn sich die Haut der Enten beim Braten vom Fleisch löst, die Blasen anpiksen. Dann legt sich die Haut wieder auf das Fleisch. Sie können die Hautoberfläche vorher auch vorsichtig mit einer Gabel anstechen, ohne das Fleisch zu verletzen, damit das Fett darunter besser abfließen kann.
- Für die Pfifferlinge sollten Sie eine große Pfanne nehmen oder sie in zwei Durchgängen braten. Sie können viel Flüssigkeit lassen. Wenn das passiert: Nicht unruhig werden und erst recht nicht die Pilzflüssigkeit wegschütten, sondern weitergaren, bis die Flüssigkeit verdampft ist.
- Die Sauce sollten Sie bereits am Vortag zubereiten, dafür brauchen Sie einige Zeit.

Pfifferlinge

Die Pfifferlinge putzen und abreiben. Die Schalotten abziehen und in feine Würfel schneiden. Den Schnittlauch waschen, trocken tupfen und in feine Ringe schneiden. Die Butter in einer Pfanne erhitzen, die Pfifferlinge darin in 3 bis 4 Minuten knackig braten. Die Schalottenwürfel zugeben und kurz mitbraten, bis sie goldgelb sind, zum Schluss den Schnittlauch unterrühren. Mit Salz und Pfeffer würzen.

Kirschen

Die Kirschen waschen, trocken tupfen und seitlich entkernen, ohne den Stiel zu beschädigen. Die Butter in einem kleinen Topf erhitzen und den Zucker zufügen. Die Kirschen hineingeben und mit dem Zuckersirup überziehen. Mit dem Kirschlikör ablöschen, das Kirschgelee zugeben und gut verrühren. Zum Schluss noch einmal aufkochen lassen und warm stellen.

Anrichten

Die Pfifferlinge in der Mitte des Tellers, die krosse Entenbrust daneben anrichten. Mit den Kirschen garnieren. Die Sauce separat dazu servieren.

DIE ZARTESTE VERSUCHUNG, SEIT ES ENTEN GIBT

Auch wenn Heinz O. Wehmann die Vierländer Ente nicht erfunden hat und auch andere Hamburger Spitzenköche diese Spezialität servieren, ist sie heute eng mit seinem Restaurant, dem Landhaus Scherrer, verbunden. Wehmanns besondere Zubereitung – krosse Haut und zartes Fleisch, tranchiert am Tisch vor den Augen des Gastes – hat dazu beigetragen, dass die Vierländer Ente seit 34 Jahren ein Renner in seinem Lokal ist. Das Gericht wird es aber länger geben. Angeblich war es sogar die Leibspeise von Fürst Bismarck.

Vierländer Ente – so heißt nicht nur das Gericht, sondern auch das dafür benötigte Tier. Die Vorfahren dieser Ente stammen aus Asien: 1873 soll ein Kapitän neun Pekingenten aus Südostasien in die USA eingeführt haben, wo sie gezüchtet wurden. Später gelangten die Tiere nach Europa und in die Vierlande, jenes Gebiet im Südosten Hamburgs, das für sein Obst und Gemüse gerühmt wird. Es heißt nicht ohne Grund „Garten Hamburgs“. Doch auch für Geflügel scheinen die ansässigen Bauern ein Händchen zu haben: Das Stubenküken, eine weitere Hamburger Spezialität, kommt ebenfalls aus dieser Gegend.

Ob diese europäische Pekingente dann in den Vierlanden mit einer Stockente gekreuzt wurde oder ob das schon vorher erfolgte, lässt sich nicht genau sagen. Die Vierländer Ente ist jedenfalls ein Ergebnis dieser Kreuzung.

Der Begriff Vierländer Ente ist nicht geschützt, dennoch ist sie in der Regel nur hier erhältlich. Sie wird eher auf kleineren Höfen gezüchtet, auf denen die Enten nicht turbogemästet, sondern langsam aufgezogen werden. Sie bekommen genug Auslauf und hochwertigeres Futter, das teilweise mit den Gastronomen, die sie für ihre Restaurants bestellen, abgesprochen ist. So können sie gleichmäßig an Gewicht zulegen und haben nicht etwa überproportioniert große Brüste und Minischenkel. Schlachtreif sind sie, wenn sie etwa zwei Kilo schwer sind.

Für das Gelingen des Gerichts müssen die Tiere trocken gerupft werden. Das kann nur auf den kleinen Höfen geleistet werden, denn es geschieht aufwendig per Hand. In Industriebetrieben hingegen werden die Enten maschinell gerupft. Dieses Verfahren ist weniger gründlich und verletzt auch die oberste Hautschicht. Das „Krossen“, wie Wehmann es nennt, gelingt dann nicht mehr so gut.

In Norddeutschland hat die Gänsezucht eine lange Tradition, die einige Jahrhunderte zurückreicht.

GÄNSEKEULE HAMBURGER ART

MIT GESTOWTEM ROSENKOHL UND MARONEN

Gans

4 große Gänsekeulen (vom Röhrenknochen befreit)

160 g Suppengemüse (Möhren, Lauch, Sellerie, Zwiebeln)

10 g Petersilienwurzel

10 weiße Pfefferkörner

1 Lorbeerblatt

100 ml Weißweinessig

40 g Zucker

60 g Butter

60 ml dunkler Balsamico-Essig

200 ml Gänsefond

Gestowter Rosenkohl

400 g Rosenkohl

2–3 kleine Zwiebeln (120 g)

100 g magerer Speck, in dünne Scheiben geschnitten

20 g Butter

250 ml Sahne

frische Muskatnuss

Salz und Pfeffer aus der Mühle

Maronen

100 g Zucker

200 g Maronen, vorgegart

Gans

Die Gänsekeulen waschen und trocken tupfen. Das Gemüse waschen, putzen, schälen und in grobe Stücke schneiden. Die Gänsekeulen in einen schmalen, hohen Topf geben, das Gemüse, die Pfefferkörner und das Lorbeerblatt dazugeben. Mit 1 l kaltem Wasser auffüllen, aufkochen und bei niedriger Hitze und abgedeckt insgesamt etwa 2 Stunden köcheln lassen. Eine halbe Stunde vor Ende der Garzeit den Essig und 20 g Zucker zugeben. Die Gänsekeulen aus dem Fond heben und abtropfen lassen. Die Butter und den restlichen Zucker in einer Pfanne erhitzen, bis der Zucker leicht karamellisiert, und die Gänsekeulen hineinlegen. Mit dem Balsamico-Essig ablöschen, den Gänsefond hinzugeben und die Keulen immer wieder mit der Sauce überziehen (glacieren).

Gestowter Rosenkohl

Den Rosenkohl putzen, vom Strunk befreien und vierteln. Die Zwiebel schälen. Zwiebel und Speck in feine Würfel schneiden. Die Butter in einem Topf erhitzen, die Speckwürfel darin knusprig braten. Erst die Zwiebeln zugeben und kurz mitbraten, dann den Rosenkohl anschwitzen und die Sahne angießen. Zugedeckt etwa 6 Minuten fertig garen. Mit Muskatnuss, Salz und Pfeffer abschmecken.

Glacierte Maronen

Zucker und 50 ml Wasser in einem Topf erhitzen und so lange reduzieren, bis ein leichter Karamell entsteht. Die Maronen zugeben und mit dem Karamell überziehen (glacieren).

Zubereitungstipps

- Die Gänsekeulen können Sie ohne Weiteres schon 1 oder 2 Tage vorher zubereiten, im Fond erkalten lassen und zugedeckt im Kühlschrank aufbewahren. Braten Sie die Keulen dann langsam an, sonst karamellisiert der Zucker nicht mehr, sondern verbrennt.

- Die Gänsekeulen werden noch zarter, wenn Sie die Kochtemperatur nicht zu hoch einstellen und die Garzeit auf 5 bis 6 Stunden verlängern. Bei dieser Niedriggarmethode sollte die Temperatur etwa 79 °C bis 80 °C betragen (Thermometer benutzen).

- Beim Braten der Speckwürfel darauf achten, dass Sie die richtige Temperatur in der Pfanne haben. Ideal sind etwa 150 °C, und die sind erreicht, kurz bevor die Butter braun wird.

Einkaufstipps

- Bitten Sie den Schlachter, den Röhrenknochen der Gänsekeule zu entfernen.

- Kaufen Sie vorgegarte Maronen, das spart Zeit. Wenn Sie dennoch frische verwenden möchten, geben Sie nach dem Glacieren etwas Wasser in den Topf und garen Sie die Maronen darin.

Falls Sie die Gans nicht selbst zusammenbinden möchten, fragen Sie Ihren Schlachter, ob er das für Sie erledigen kann.

HOLSTEINER GÄNSEBRATEN
MIT GEFÜLLTEM SCHMORAPFEL

Rotkohl (für sechs Portionen)

1,5 kg Rotkohl

200 ml Weißweinessig

200 g Zucker

15 g Salz

200 g Zwiebeln

1 Lorbeerblatt

15 weiße Pfefferkörner

6 Wacholderbeeren

30 g Weizenstärke

30 g Butter

Sauce

500 g Gänseklein

75 g Röstgemüse (Sellerie, Lauch, Möhren)

etwas Gänseschmalz

15 g Tomatenmark, zweifach konzentriert

1 g Salbei

2 Lorbeerblätter

10 weiße Pfefferkörner

150 ml Weißwein

100 ml Sahne

Gans

1 Gans (ca. 6 bis 6,5 kg), küchenfertig

Salz und weißer Pfeffer aus der Mühle

2–3 Zwiebeln (400 g)

2–3 säuerliche Äpfel (400 g)

20 g getrockneter Beifuß

Gefüllte Äpfel

20 g Backpflaumen

6 kleine Äpfel (à ca. 80 g, z. B. Ruhm von Kirchwerder)

25 g Zucker

15 g Butter

75 g Marzipan

20 g Eiweiß

etwas Butter und Zucker zum Bestreichen

Beilage

Kartoffelknödel

Rotkohl

Rotkohl waschen, putzen, halbieren und den Strunk herausschneiden, dann in feine Streifen schneiden. Mit Essig, Zucker und Salz marinieren. Zwiebeln schälen und in Würfel schneiden. Lorbeerblatt, Pfefferkörner und Wacholderbeeren in einen Gewürzbeutel geben. Stärkemehl mit etwas kaltem Wasser glatt rühren und beiseitestellen. Zwiebeln in etwas Butter anschwitzen, den marinierten Rotkohl, 150 ml Wasser und den Gewürzbeutel zugeben. Den Rotkohl bei schwacher Hitze 1 bis 1 ½ Stunden gar köcheln. Zwischendurch umrühren und bei Bedarf etwas Wasser nachgießen. Nach Ende der Garzeit den Rotkohlfond mit etwas Stärkemehl abbinden.

Sauce

Den Backofen auf 200 °C vorheizen. Das Gänseklein gründlich waschen, trocken tupfen und klein hacken (oder schon vom Schlachter hacken lassen). Das Röstgemüse waschen, putzen und in grobe Stücke schneiden.

Das Gänseklein auf ein gefettetes Backblech geben und im heißen Ofen etwa 20 bis 30 Minuten rösten, bis es Farbe angenommen hat. Etwas Gänseschmalz in einem mittelgroßen Topf erhitzen, das Gemüse darin anrösten. Das Tomatenmark zugeben und ebenfalls kurz anrösten. Kräuter und Gewürze hinzugeben, das Gänseklein hinzufügen und alles 2- bis 3-mal mit Weißwein ablöschen. Das Ganze mit Wasser auffüllen, sodass alles knapp bedeckt ist, aufkochen lassen, Schaum und Fett abschöpfen, dann auf kleiner Hitze abgedeckt etwa 4 Stunden köcheln lassen. Dabei den Flüssigkeitspegel halten, bei Bedarf etwas Wasser nachgießen. Anschließend alles durch ein feines Sieb geben, erneut erhitzen, auf 300 ml reduzieren lassen, die Sahne hinzufügen und erneut aufkochen. »

Gans

Den Backofen auf 155 °C (Umluft) vorheizen. Ein 5 cm hohes Backblech mit 500 ml Wasser füllen und in den Ofen auf den Boden schieben. Die Gans innen und außen gründlich abspülen, trocken tupfen und zusammenbinden, anschließend mit Salz und Pfeffer würzen und mit Äpfeln, Zwiebeln und Beifuss füllen. Das Gitter über dem Backblech in den Ofen schieben, die Gans darauf setzen und etwa 3 bis $3\,^{1}/_{2}$ Stunden im Ofen braten, bis sie gar ist. Zwischendurch immer wieder durch ein Sieb mit etwas Bratensatz begießen. Das Sieb fängt Eiweißstoffe auf, die leicht auf dem Fleisch verbrennen würden. Dabei darauf achten, dass das Backblech auf dem Boden nicht zu voll wird. Wenn nötig, etwas Fett und Wasser abschöpfen. Zum Schluss die Temperatur auf 185 °C erhöhen, damit die Gans kross wird.

Gefüllte Äpfel

Den Backofen auf 160 °C (Umluft) vorheizen. Die Backpflaumen hacken. Die Äpfel waschen, nur die untere Hälfte schälen und vom Blütenansatz her mit einem Kugelausstecher entkernen, aber nicht ganz durchstechen, der Stielansatz soll bleiben. Die Butter, das Marzipan, das Eiweiß und die gehackten Pflaumen gut miteinander vermengen. Die Äpfel damit füllen, mit etwas Butter bestreichen und die untere, geschälte Hälfte in Zucker tunken. Zum Schluss die Äpfel umgekehrt (Stiel nach unten) in eine ofenfeste Pfanne stellen, etwas Wasser dazugießen und im Ofen auf mittlerer Schiene etwa 8 bis 10 Minuten backen, dann herausnehmen.

Anrichten

Die Gans tranchieren, dabei in 6 gleich große Stücke zerlegen. Rotkohl auf die vorgewärmten Teller geben, den Braten obenauf legen, den Schmorapfel und die Knödel anrichten. Die Sauce extra dazu servieren.

Zubereitungstipps

- Für dieses Gericht können Sie die Arbeit auf mehrere Tage verteilen. Den Rotkohl können Sie bereits 2 bis 3 Tage vorher marinieren und im Kühlschrank durchziehen lassen. Er bekommt dadurch eine besonders intensive Farbe.
- Am Tag bevor Sie die Gans servieren möchten, kochen Sie den Rotkohl und die Sauce. Beides lässt sich leicht erwärmen, und Sie haben Zeit für die Gans und die Schmoräpfel.

Einkaufstipps

- Die Gänse sollten mindestens eine Woche bis 10 Tage vorher geschlachtet worden sein. Fragen Sie den Gänselieferanten auch, ob die Gans handgerupft wurde. Bei maschinell gerupften Tieren ist die oberste Hautschicht beschädigt. Sie werden nicht so kross wie handgerupfte Gänse.
- Kleine Rotkohlköpfe haben eine feinblättrigere Struktur als große.

DU DICKE GANS

Gänse, ob als Keule oder Braten serviert, waren schon immer ein Festessen. Ihr gehaltvolles Fleisch durfte bei keinem fürstlichen Mahl fehlen, und auch in der bürgerlichen Küche hatte die Weihnachtsgans einen festen Platz, im Norden oft süßsauer gewürzt oder klassisch mit Äpfeln und Zwiebeln gefüllt.

In Norddeutschland hat die Gänsezucht eine lange Tradition, die einige Jahrhunderte zurückreicht. Und doch sind alte heimische Rassen wie die Emdener Gans, die Diepholzer Gans oder die Leinegans heute vom Aussterben bedroht. Von manchen Rassen gibt es nur noch ein paar Dutzend Tiere, die Bestände gelten als extrem gefährdet. Meist landen Tiere aus Polen oder Ungarn auf deutschen Tellern, die günstiger sind als deutsche Ware, dafür oft aber gemästet und unter nicht artgerechten Bedingungen gehalten werden. Gute regionale Geflügelzüchter achten darauf, dass die Tiere genügend Auslauf und hochwertiges Futter bekommen. So kann das Tier gleichmäßig wachsen. Die Mast dauert dann zwar deutlich länger, was sich auf den Preis auswirkt – aber eben auch auf das Fleisch, das hochwertiger ist als das von Tieren aus Massentierhaltung. Genießer wissen das zu schätzen.

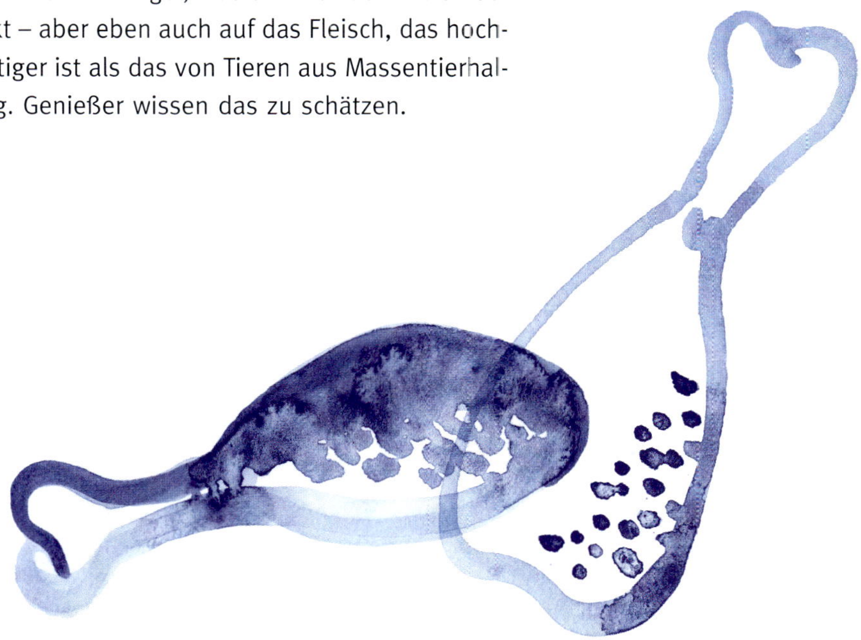

VE

VEGETARISCH

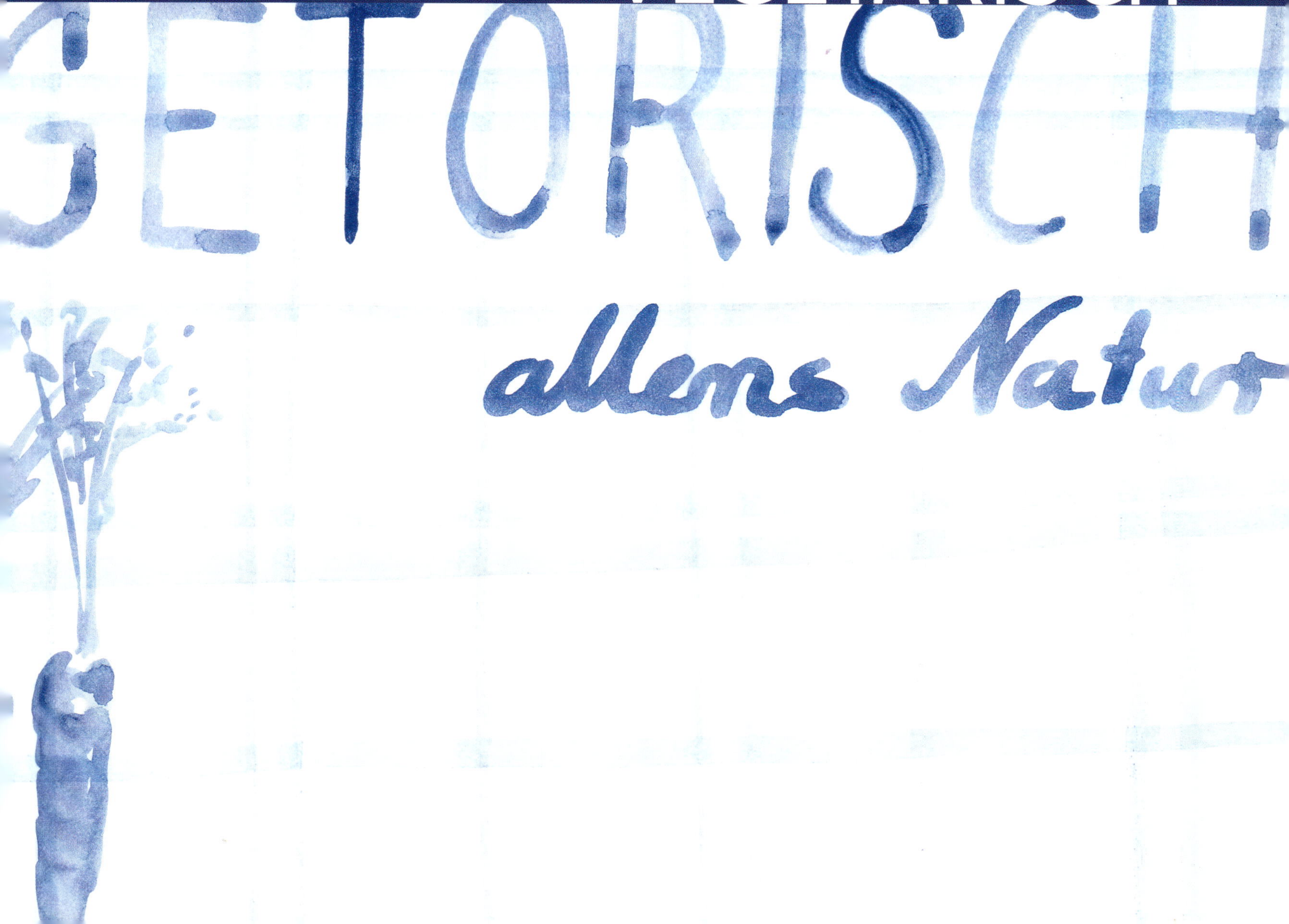

Die Hauptzutat des Gerichts soll ursprünglich Walspeck gewesen sein, der in große Stücke gehauen (gepluckt) wurde.

PLOCKFINKEN

Kräutersäckchen

4 Wacholderbeeren
10 weiße Pfefferkörner
1/2 Lorbeerblatt
1/4 Bund Thymian (8 g)
1/4 frische rote Chilischote

Plockfinken

180 g weiße Bohnen oder Borlotti-Bohnen
120 g Zwiebeln
150 g Sellerie
150 g Möhren
150 g grüne Bohnen
2 Knoblauchzehen
15 g Majoran
15 g Liebstöckel
40 ml Traubenkernöl
1 l Gemüsefond
Salz und weißer Pfeffer aus der Mühle

Garnitur

30 ml kalt gepresstes Rapsöl oder Olivenöl

Kräutersäckchen

Für das Kräutersäckchen die Zutaten kurz im Mörser grob zerstoßen und in einen kleinen, verschließbaren Teebeutel füllen.

Plockfinken

Die weißen oder Borlotti-Bohnen mindestens 12 Stunden vorher oder über Nacht in Wasser einweichen. Die Zwiebeln schälen und in mittelfeine Würfel schneiden. Den Sellerie und die Möhren schälen und in jeweils 1 x 1 cm große Würfel schneiden. Die grünen Bohnen waschen, putzen und in der Mitte halbieren. Den Knoblauch schälen und in feine Scheiben schneiden. Den Majoran und den Liebstöckel waschen, trocken tupfen, die Blätter abzupfen und beides getrennt voneinander fein scheiden.

Das Öl in einem mittelgroßen Topf erhitzen, die Zwiebeln und den Knoblauch darin anschwitzen. Die eingeweichten Bohnen und das Kräutersäckchen zugeben und den Gemüsefond einfüllen. Die Suppe abgedeckt etwa 1 bis 1 1/2 Stunden bei mittlerer Hitze kochen. Die Gemüsewürfel zugeben und weitere 10 Minuten garen. Die grünen Bohnen erst zum Schuss hinzufügen. Sie brauchen nur etwa 5 bis 6 Minuten, bis sie gar sind. Kurz bevor die Bohnen gar sind, den geschnittenen Majoran zugeben und kurz mitgaren. Alles nochmals mit Salz und Pfeffer abschmecken.

Anrichten

Den Eintopf mit einer Suppenkelle in vorgewärmte tiefe Teller füllen. Mit gehacktem Liebstöckel bestreuen und mit dem Raps- oder Olivenöl beträufeln.

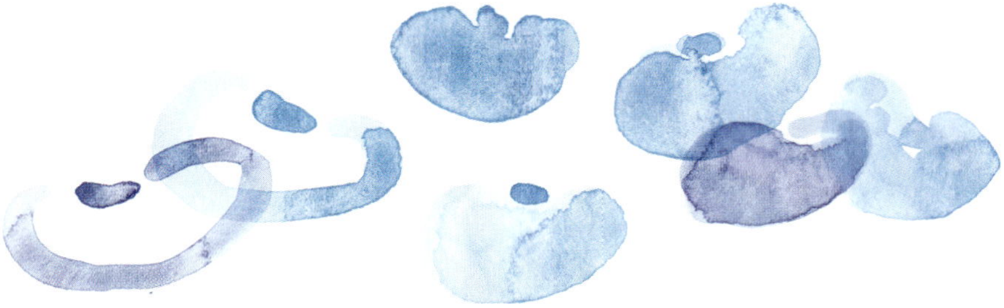

DIE WALVERWANDTSCHAFTEN

Wie für viele Rezepte, die von Generation zu Generation weitergegeben wurden, gibt es auch für dieses Eintopfgericht zahlreiche Varianten und Geschichten über ihre Entstehung.

Eine besagt, dass der Plockfinken, auch Plöckerfink genannt, ursprünglich vor allem an Schlachttagen zubereitet wurde. Innereien wie Leber, Herz, Niere, Magen oder Zunge sowie sonstiges Kleinfleisch landeten in diesem Traditionsgericht und wurden süßsauer abgekocht. Jede Familie hatte ihr eigenes Rezept.

Eine andere Geschichte besagt, dass die Urväter des als Plückte Finken bekannten Gerichts Bremer Walfänger sind. Die Hauptzutat des Gerichts soll nämlich ursprünglich Walspeck gewesen sein, der in große Stücke gehauen (geplückt) wurde. Diesen Speck wiederum nannten die Walfänger Vinken, woraus später die Finken wurden.

Vielleicht ist an beiden Geschichten etwas dran, Rezepte entwickeln sich weiter. Sicher ist, dass der als Plockfinken bekannte Eintopf irgendwann weder Schlachtreste noch Walspeck enthielt. Stattdessen haben sich regionale Eigenarten herausgebildet: Der Hamburger Plockfinken wird mit Rauchfleisch und Mohrrüben zubereitet, der Bremer Plockfinken dagegen mit Schweinefleisch, weißen und grünen Bohnen, Kartoffeln und Möhren. Und es gibt zahlreiche mehr. Diese Variante basiert auf einem Plockfinken mit Bohnen, kommt aber ohne Fleisch aus. Wer weiß, was in 100 Jahren darüber berichtet wird?

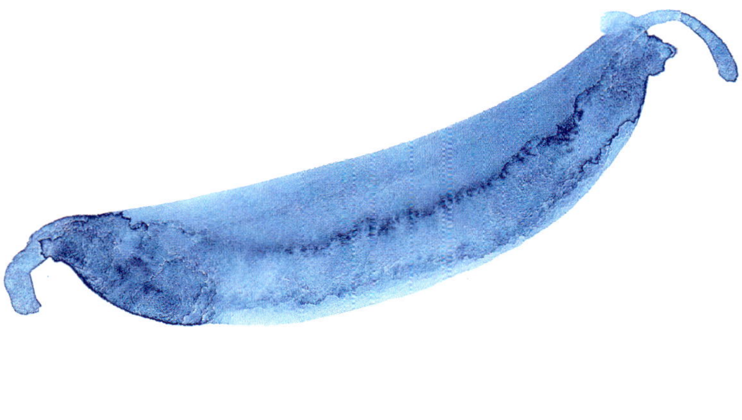

Die Kartoffel veränderte die Essgewohnheiten radikal und brachte Abwechslung auf den Tisch.

KARTOFFELN MIT KEFIR-VINAIGRETTE

400 g festkochende Kartoffeln
12 Roma-Kirschtomaten
40 g Schalotten
60 ml Traubenkernöl
100 ml Geflügelfond
40 ml weißen Balsamico-Essig
30 g Olivenöl
125 ml Kefir
3 g engl. Senf (Senfpulver, alternativ 5 g scharfer Senf)
Salz und weißer Pfeffer aus der Mühle

Garnitur

Selbst gemachte Chips von blauen Kartoffeln
Geröstete Nüsse

Kartoffeln schälen, abspülen und in 8 x 8 mm feine Würfel schneiden. Die Kirschtomaten mit heißem Wasser überbrühen, abschrecken, die Haut abziehen und die Früchte schräg halbieren. Die Schalotten schälen und in feine Würfel schneiden.

Das Traubenkernöl in einem Topf erhitzen, die Schalottenwürfel darin anschwitzen. Die Kartoffelwürfel zugeben, den Geflügelfond angießen und alles etwa 10 bis 12 Minuten garen.

Den Balsamico-Essig mit drei Viertel des Olivenöls, drei Viertel des Kefirs, dem Senfpulver, Salz und Pfeffer zu einer Vinaigrette verrühren und mit dem Stabmixer schaumig schlagen. Vorsichtig mit den Kartoffeln vermengen und zum Schluss noch einmal abschmecken.

Anrichten

Die marinierten Kartoffeln auf Teller verteilen. Den restlichen Kefir aufschäumen und darüber geben, mit dem übrigen Olivenöl beträufeln. Mit blauen Kartoffelchips und Nüssen garnieren.

Zubereitungstipp

Dieses Gericht ist ein moderner Kartoffelsalat, den Sie allein oder als Beilage servieren können. Sehr gut schmeckt er in Kombination mit Feldsalat und Kopfsalatherzen. Als Garnitur eignen sich auch geröstete Croûtons.

Einkaufstipp

Kaufen Sie festkochende oder vorwiegend festkochende Kartoffeln, und suchen Sie nach Möglichkeit größere Kartoffeln heraus. Diese lassen sich besser würfeln.

KÖNIGSKINDER

Kartoffeln sind nicht nur im Norden, sondern überall in Deutschland beliebt. Sie gelten sogar als urdeutsch, dabei hat es ausgerechnet hier lange gedauert, bis die Knolle akzeptiert und in größeren Mengen gegessen wurde.

Ursprünglich stammt die Kartoffel aus Peru in Südamerika. Dort wird sie seit Jahrtausenden in großer Vielfalt angebaut. Nach Europa kam sie im 16. Jahrhundert. Spanier, Iren und Engländer könnten sie mitgebracht haben, die Quellen widersprechen sich. Weitere zwei Jahrhunderte später, im 18. Jahrhundert, fand die Kartoffel schließlich nach Deutschland. Sie zu essen kam damals aber kaum jemandem in den Sinn. Der Hochadel nutzte sie lediglich als Zierpflanze, denn sie galt als giftig – tatsächlich sind alle oberirdischen Teile giftig, nur die Knolle ist zum Verzehr geeignet. Die Bauern misstrauten ihr zutiefst. Der Kartoffelanbau war arbeitsintensiver als der von Getreide, und die Ernte unsicherer. Und was der Bauer nicht kennt …

Der Durchbruch vor allem in Norddeutschland kam erst mit der Hungersnot im 18. Jahrhundert: Der preußische König Friedrich hatte bereits mehrfach erfolglos versucht, den Anbau durchzusetzen. Erst als er am 24. März 1756 seinen berühmt gewordenen „Kartoffelbefehl" erteilte und anordnete, auf jeder freien Fläche Kartoffeln anzubauen, änderte sich die Lage allmählich, und die Knolle gewann an Bedeutung. Sie half den Hunger zu bekämpfen, vor allem in den späteren Weltkriegen. Und sie veränderte die Essgewohnheiten radikal und brachte Abwechslung auf den Tisch. Endlich gab es eine Alternative zum Getreide, den Grützen und dem Brot. Noch dazu ließ sich die Kartoffel so vielseitig zubereiten: Man konnte sie kochen und stampfen, braten und backen, Suppen und Eintöpfe mit ihnen kochen und Klöße aus ihnen fertigen – oder sie, wie in diesem Rezept, als Salat anrichten.

Die Angelner oder Angeliter betrachten Schnüsch als ihr Nationalgericht. Doch auch die Nachbarn im Norden, die Dänen, essen es gern.

SCHNÜSCH

1 g Kümmel, ganz
Salz
250 g festkochende Kartoffeln
60 g Schalotten
240 g Bundmöhren
120 g Kohlrabi
8 Stangen weißer Spargel
100 g Fenchel
100 g frische Erbsen
120 g Blumenkohl
25 g glatte Petersilie
125 ml Sahne
70 g Butter
30 g Mehl
300 ml Milch
100 ml Gemüsefond
Salz und weißer Pfeffer aus der Mühle
frische Muskatnuss

Den Kümmel in einen verschließbaren Teebeutel füllen. Die Kartoffeln abbürsten, waschen und mit dem Kümmel in Salzwasser gar kochen. Abschütten, pellen und beiseitestellen.

Die Schalotten schälen und in feine Würfel schneiden. Die Möhren schälen und schräg in Stücke schneiden oder so zurechtschneiden, dass alle die gleiche Größe haben, dabei 2 cm vom Grün dranlassen. Kohlrabi in Scheiben schneiden und schälen, dabei Halbmonde formen. Den Spargel und den Fenchel schälen, beides schräg in 6 cm lange Stücke schneiden. Die Erbsen aus der Schale lösen. Den Blumenkohl in Röschen teilen. Die glatte Petersilie waschen und trocken tupfen. 12 Petersilienspitzen abzupfen, den Rest mittelfein hacken.

Die Sahne steif schlagen. 30 ml Mehl und 30 g Butter zu Mehlbutter verkneten. Die Milch in einem Topf aufkochen, mit Salz, Pfeffer und Muskatnuss würzen und mit der Mehlbutter abbinden.

Die übrige Butter in einem anderen Topf erhitzen, die Schalottenwürfel darin anschwitzen. Mit dem Gemüsefond ablöschen. Nach und nach das Gemüse zugeben, je nach Größe und benötigter Garzeit abgedeckt etwa 5 bis 6 Minuten dünsten: Erst der Spargel, dann der Blumenkohl und der Fenchel, zum Schluss Erbsen, Möhren und Kohlrabi. Nach Bedarf etwas Flüssigkeit nachgießen und mit Salz und Pfeffer würzen. Sobald das Gemüse gar ist, die gebundene Milch, zwei Drittel der Sahne und die gehackte Petersilie zugeben. Alles gut vermengen und abschmecken.

Anrichten

Zum Schluss die übrige Sahne unterheben. Den Eintopf auf vorgewärmte tiefe Teller verteilen und mit den Petersilienspitzen garnieren.

Einkaufstipps

- Sie können auch anderes Gemüse der Saison für dieses Gericht verwenden, etwa Zuckerschoten, Sellerie, grüne Bohnen und ähnliches. Beachten Sie jeweils die Garzeiten: Das Gemüse sollte nicht verkochen, sondern knackig sein.
- Sie können dieses Gericht auch mit neuen Kartoffeln zubereiten. Dann brauchen Sie diese nur gut abzubürsten.

Zubereitungstipps

- Früher hat man das Gemüse in Milch und Sahne gekocht und mit einer Mehlschwitze abgebunden, was manchmal dazu geführt hat, dass Milch oder Sahne ausgeflockt sind. Bei dieser Variante geschieht das nicht. Sie ist außerdem einfacher, zeitgemäßer und eleganter, weil das Gemüse separat gegart wird und so seine Farbe behält.
- Dieses Gericht lässt sich auch in einem Schnellkochtopf zubereiten: Das Gemüse wie beschrieben garen, herausnehmen, die Sauce zubereiten und das Gemüse wieder hineingeben und abschmecken.

IMMER DIESES JUNGE GEMÜSE

Ob man Schnüsch nun mit einem oder zwei „ü" schreibt, wie einige Leute aus Angeln hartnäckig behaupten, soll an dieser Stelle gar nicht diskutiert werden. Es gibt schon genug Streit um diesen beliebten Gemüseeintopf von der Waterkant. Von Ort zu Ort gehen die Meinungen darüber auseinander, welche Gemüsearten hineingehören, ob die Kartoffeln extra serviert oder lieber mitgekocht werden und ob der Eintopf eher dick- oder dünnflüssig sein soll. Offenbar gibt es kein Originalrezept oder keine festen Regeln, also macht es jeder so, wie es ihm schmeckt. Einige Zutaten sind aber immer dabei: Erbsen, Möhren und dicke oder grüne Bohnen, anderes Gemüse je nachdem, was die Saison hergibt – deswegen wird Schnüsch auch „Quer durch den Garten"-Eintopf genannt und in der Regel im Sommer, ab Ende Juni, gegessen.

Unverzichtbar für dieses Gericht ist die Milch. Schnüsch stammt aus Angeln, einer Region im Norden Schleswig-Holsteins zwischen Flensburger Förde und Schlei, die für ihre Viehzucht bekannt ist. Von dort stammt das Angler Rind. (Siehe auch Seite 137) Die Milch dieser sehr alten, erstmals im 16. Jahrhundert erwähnten Rasse hatte eine Besonderheit: Ihr Fettgehalt lag bei 5,4 Prozent, was ihr den Spitznamen „deutsche Butterkuh" einbrachte.

Für das Schnüsch wird das Gemüse oft separat gekocht, was recht aufwendig ist, und später in Milch und etwas Butter erhitzt, abgeschmeckt und je nach Wunsch gebunden. Doch auch hier finden sich Unterschiede: Manche kochen Schweinebacke oder geräucherten Speck im Gemüsewasser mit, andere halten es vegetarisch. Bei den weiteren Beilagen wird ebenfalls variiert. Traditionell wird Holsteiner Katenschinken oder Speck dazu gereicht, manche servieren Matjes oder Frikadellen.

Die Angelner oder Angeliter betrachten Schnüsch als ihr Nationalgericht. Doch auch die Nachbarn im Norden, die Dänen, essen es gern. Bei ihnen heißt es „Snysk". Ob sich die Nachbarn im Norden die Köpfe ähnlich heiß reden über die „richtigen" Zutaten und die „richtige" Zubereitung? Auf jeden Fall haben sie kein Problem mit dem Ü.

"Schnüsch" ein typisches altes norddeutsches Gericht, am besten bekannt einige km nördlich u. südlich der dänischen Grenze.

Ich lernte es schon als Kind (Jahrg. 1923!) in den Ferien bei meiner Großmutter in Sonderburg auf der Insel Alsen kennen.

Ein richtiges Sommeressen!

Zutaten:

etwa zu gleichen Teilen: grüne Bohnen, Erbsen, Wurzeln, wenn man möchte ein paar kleingewürfelte Pellkartoffeln vom Vortage.

Butter, Mehl u. Milch für eine Schwitze, geh. Petersilie

Beigabe: geräucherter Schinken (mit oder ohne Fettrand)

Bohnen in Stücken m. etwas Salz kochen. Wasser abgießen!

Erbsen u. Wurzeln zusammen mit wenig Wasser, etwas Salz + Zucker kochen.

Aus Butter od. Margar., Mehl, Milch u. Gemüsewasser eine Schwitze herstellen. Gemüse u. evtl. Kartoffeln in kleinen Würfeln hineingeben. Gehackte Petersilie u. (wer mag, ein schönes Stück Butter hinzutun. Verbessert den Geschmack!!)

Geräucherten Schinken, evtl. gewürfelt als Beigabe.

Leserrezept

Dieses Rezept stammt von Liselotte Berndt.

Früher gab es die Tradition, an Weihnachten Quittenbrot herzustellen..

KARTOFFELPUFFER MIT QUITTENKOMPOTT

Quittenkompott

1 Biozitrone

3 kleine Quitten (ca. 560 g)

½ Vanilleschote

250 ml trockener Weißwein

60 g Zucker

¼ Zimtstange

2 ganze Sternanise

Kartoffelpuffer

500 g mehlig kochende Kartoffeln

1 Eigelb

Salz und weißer Pfeffer aus der Mühle

Muskatnuss

150 ml Traubenkernöl

Beilage

100 g Schmand oder fester Sauerrahm

Quittenkompott

Zitronenschale von einem Sechstel der Frucht dünn abschneiden. Die Zitrone halbieren und auspressen. Die Quitten waschen, schälen, halbieren und vom Kerngehäuse befreien. In 2 x 1 cm große Stücke schneiden und mit dem Zitronensaft beträufeln. Die Vanilleschote halbieren und auskratzen. Quitten mit Weißwein, Vanilleschote und -mark, Zitronenschale, Zucker, Zimtstange und Sternanis in einen Topf geben und aufkochen. Je nach Quittensorte abgedeckt etwa 30 bis 40 Minuten bei mittlerer Hitze gar kochen. Anschließend Zitronenschale, Zimtstange, Vanilleschote und Sternanis herausnehmen, die Früchte nach Belieben etwas stampfen.

Kartoffelpuffer

Kartoffeln mit einer Küchenmaschine in feine Streifen schneiden oder mittelfein reiben und nicht zu stark ausdrücken. Das Eigelb zugeben und mit Salz, Pfeffer und Muskatnuss abschmecken. Die Masse mit einem Löffel zu kleinen Kugeln formen und diese im heißen Öl von beiden Seiten 2 Minuten braten, dabei die Pfanne in Bewegung halten.

Anrichten

Kartoffelpuffer auf die vorgewärmten Teller legen, etwas Quittenkompott in Nocken dazugeben, den Rest in einer Schüssel reichen. Zusätzlich etwas Schmand oder festen Sauerrahm servieren.

Zubereitungstipp

Wenn Sie die Kartoffelpuffer nicht gleich ausbacken, wird die Masse braun. Um das zu verhindern, können Sie etwas Fruchtklar oder Ascorbinsäure (Vitamin C) hineinrühren.

JETZT SIND WIR QUITTE

Sie steht für Schönheit, Klugheit, Liebe, Glück, Fruchtbarkeit und einiges mehr. Eine Frucht, die symbolisch derart positiv besetzt ist, kann nicht einfach verschwinden, sollte man meinen. Und doch ist genau das fast geschehen. Denn wirtschaftlich spielt die Quitte in Deutschland kaum eine Rolle. Die Frucht ist vorwiegend in Hausgärten zu finden, viele Früchte werden importiert. Weltweit gibt es derzeit etwa 200 Sorten, die in zwei Hauptgruppen eingeteilt werden: die Konstantinopeler Apfelquitte und die längliche Birnenquitte.

Von Natur aus sind Quitten hart, sauer und holzig. Meist werden sie zu Saft, Marmeladen, Gelees und Kompotts verarbeitet, doch sie schmecken auch in Ragouts und Schmorgerichten. In Norddeutschland gab es einst die Tradition, an Weihnachten Quittenbrot herzustellen. Dabei handelte es sich nicht um ein Gebäck im eigentlichen Sinne, sondern um eingekochtes Quittenmus, das nach dem Garen getrocknet und in Zucker gewendet wurde. Wie die Frucht ist auch diese Tradition in Vergessenheit geraten. Doch seit die Quitte eine kleine Renaissance erlebt und langsam für die Küche wiederentdeckt wird, besteht Hoffnung, dass auch diese Tradition wiederbelebt wird.

Heute werden die Käser gern als Winzer des Nordens bezeichnet, was zur Gründung der Käsestraße führte, die einmal rund um Schleswig-Holstein geht.

HOLSTEINER ZIEGENKÄSE AUF WILDKRÄUTERSALAT

Salat

300 g Wildkräuter (z. B. Kleiner Mangold, Ruccola, Portulak, Spinat, Sauerampfer, Scharfgarbe, Löwenzahn, Brennnessel, Brunnenkresse, Viola, Ackersenf, Bärlauch)

2 kleine Fleischtomaten

40 g Schalotten

40 ml Weißweinessig

35 g Löwenzahnhonig

80 ml kalt gepresstes Traubenkernöl

15 g scharfer Senf

Ziegenfrischkäse

20 g getrocknete Tomaten

20 g Schnittlauch

320 g Ziegenfrischkäse

30 ml Olivenöl

Salz und weißer Pfeffer aus der Mühle

Garnitur

Einige gezupfte Viola-Blüten

Salat

Die Wildkräuter putzen, waschen und trocken schleudern. Die Fleischtomaten kreuzweise einschneiden, mit kochend heißem Wasser überbrühen und abziehen, dann entkernen und in 0,5 x 0,5 mm große Würfel schneiden. Die Schalotten schälen und in sehr feine Würfel schneiden. Schalottenwürfel mit Essig, Löwenzahnhonig, Öl, Senf, Salz und Pfeffer zu einer Vinaigrette verrühren.

Ziegenfrischkäse

Die getrockneten Tomaten etwa 1 Stunde in warmem Wasser einweichen. Den Schnittlauch waschen, trocken schütteln und in feine Ringe schneiden. Die getrockneten Tomaten fein würfeln. Ziegenfrischkäse in einer Schüssel mit den Schnittlauchringen und den getrockneten Tomaten vermengen, das Öl unterrühren, mit Salz und Pfeffer abschmecken.

Anrichten

Den Kräutersalat mit der Vinaigrette vermischen, auf die Teller verteilen. Von dem Ziegenfrischkäse mit einem Löffel Nocken abstechen und auf dem Salat arrangieren. Alles mit den gezupften Blütenblättern garnieren und servieren.

Einkaufstipp

Es gibt je nach Jahreszeit heute schon fertig abgepackte, gemischte Wildkräuter. Die können Sie mit einigen zusätzlichen Kräutern individuell ergänzen.

DER FRÜHERE HOLLÄNDER

Dass sich in Schleswig-Holstein eine ertragreiche Milchwirtschaft etablieren konnte, ist den Nachbarn im Westen zu verdanken. Es waren holländische Flüchtlinge, die Ende des 16. Jahrhunderts ihre Methoden der Milchverarbeitung mit in die neue Heimat brachten. Sie pachteten Kühe, führten leistungsfähigere Rinderrassen ein und bereiteten aus der Milch Rahm, Butter und Käse zu, die sie anschließend verkauften – wobei für die Käseerzeugung nur die Frauen, die Meierinnen, zuständig waren. Die Männer kümmerten sich um das Geschäft, um Verkauf und Auslieferung. Diese Art der Milchwirtschaft hieß lange Holländerei.

Ab dem 18. Jahrhundert gingen die Güter dazu über, ihre Kühe nicht mehr zu verpachten, sondern das Geschäft selbst zu führen. Dank der technischen Entwicklung gab es dann Sammelmolkereien, die als Genossenschaftsmeiereien betrieben wurden, und der Holländer als Beruf verschwand.

Der Käse jedoch entwickelte sich weiter. Heute gibt es eine große Vielfalt an Käsen in Schleswig-Holstein: Harte und weiche Sorten aus Kuh-, Schaf- und Ziegenmilch, Rohmilchvarianten, Blau- und Rotschimmelkreationen.

Steckrüben, auch Kohlrüben, Wruken oder Schmalzrüben genannt, sind aufs Engste mit den Kriegsjahren verwoben.

STECKRÜBENMUS MIT GLASIERTEN ZWIEBELN

900 g Steckrüben
300 g Möhren
180 g Schalotten
100 ml Traubenkernöl
300 ml Geflügelfond
Salz und weißer Pfeffer aus der Mühle
Muskatnuss

Garnitur

20 g glatte Petersilie, gehackt

Steckrübenmus

Die Steckrüben und die Möhren schälen und in grobe Stücke schneiden. Die Schalotten schälen und in 3 mm dicke Ringe schneiden. Die kleinen, inneren Schalottenringe herausnehmen und mittelfein hacken.

Die Schalottenwürfel in etwas Traubenkernöl in einem Topf anschwitzen. Die Steckrüben und die Möhren zugeben und mit Geflügelfond auffüllen. Das Ganze etwa 20 Minuten mit geschlossenem Deckel bei mittlerer Hitze garen. Anschließend das Gemüse stampfen, evtl. überschüssige Flüssigkeit vorher abgießen und das Mus mit Salz, Pfeffer und Muskatnuss abschmecken.

Glacierte Zwiebeln

Das restliche Traubenkernöl in einer Pfanne erhitzen und die Schalottenringe darin bei mittlerer Hitze goldgelb braten.

Anrichten

Mit dem Esslöffel Nocken vom Mus abstechen und portionsweise auf Teller verteilen. Die Zwiebeln darauf anrichten, mit gehackter Petersilie bestreuen und sofort servieren.

Zubereitungstipps

- Wenn Sie die Steckrüben abgedeckt im Topf dämpfen, verdunstet weniger Flüssigkeit.
- Stampfen bedeutet nicht, das Gemüse zu einem Püree zu verarbeiten. In dem Mus sollten noch kleine Steckrübenstücke zu schmecken sein.

Einkaufstipp

Kaufen Sie kleine Steckrüben. Sie sind schön gelb, nicht holzig und entwickeln beim Kochen den besten Geschmack.

AUFERSTANDEN AUS RUINEN

Ihr Ruf ist nicht der beste; um genau zu sein, war er ziemlich lange sehr schlecht, ohne große Aussicht auf Besserung. Viele Menschen hat es geschüttelt, wenn sie nur an Steckrüben dachten, und weigerten sich, sie zu essen, wenn es sich irgendwie vermeiden ließ.

Verständlich. Im kollektiven Gedächtnis der Menschen sind Steckrüben, auch Kohlrüben, Wruken oder Schmalzrüben genannt, aufs Engste mit den Kriegsjahren verwoben, mit Not, Elend und Trümmern. Sie schmeckten nach Entbehrung und Hunger – obwohl oder vielleicht weil sie die Menschen nährten, als es nichts anderes mehr gab. Die Bauern hatten sie eigentlich als Viehfutter angebaut, sie waren daher sehr preiswert – nicht unbedingt die beste Voraussetzung, um sie als Delikatesse wahrzunehmen. Im Kriegswinter 1916/17 fiel zusätzlich die Kartoffelernte aus, und die Menschen waren gezwungen, fast nur noch Steckrüben zu essen. Der Versuch, sie der Bevölkerung schmackhaft zu machen, scheiterte: Ob sie Steckrübe oder „ostpreußische Ananas" hieß – was zu viel ist, ist zu viel.

Damals entstanden viele Rezepte und Ideen, was sich mit dem Gemüse alles zubereiten ließ: Suppen, Eintöpfe, Salate, aber auch Gebäck wie Makronen oder Bonbons und Marmelade. Sogar Kaffee und Tabak wurden daraus hergestellt. Irgendwann wurde die Reichskartoffelstelle, die rund 80 Millionen Zentner Kohlrüben aufgekauft hatte, ihre Waren nicht los – trotz des Hungers. Dabei blieb es nicht: Im Zweiten Weltkrieg wiederholte sich die Geschichte.

Erst seit einigen Jahren findet die Steckrübe langsam wieder zurück auf den Teller. Vor allem Sterneköche bemühen sich, ihr ein neues Image zu verpassen, und servieren sie elegant zu Fisch oder als feines Mus. Die Steckrübe ist sehr anpassungsfähig und nimmt die Aromen anderer Zutaten, mit denen sie gegart wird, auf. Ihr Eigengeschmack ist herbsüß-würzig und erinnert an Kohl, und der wird schließlich auch gemocht. Die Zeit ist reif für einen Neuanfang.

Allens, wat söö

DESSERT

Der Ofenkater, plattdeutsch Obenkoter, ähnelt dem Mehlbeutel. Ursprünglich wurde er am Brotbacktag aus einem Teigrest gebacken.

OFENKATER

Ofenkater

1/2 Zitrone

3 Birnen (mittlere Größe, vollreif, z. B. Prinzessin Marianne)

42 g Hefe

500 g Mehl

3 Eier (ca. 60 g)

30 g Zucker

200 g Butter

100 ml Milch

20 g Butter zum Einstreichen

300 g magerer Speck, in sehr dünne Scheiben geschnitten

Birnensauce:

1/2 Tahiti-Vanilleschote

1/2 Zitrone

4 Birnen (vollreif, z. B. Prinzessin Marianne)

100 ml Weißwein

100 – 200 ml Wasser

1/2 Zimtstange

etwas Rapshonig

Ofenkater

Die Schale der Zitrone abreiben und den Saft auspressen. Die Birnen vom Stiel und Kerngehäuse befreien und vierteln, die Schnittflächen mit Zitronensaft beträufeln. Die Hefe in etwas lauwarmem Wasser auflösen. Das Mehl in eine Schüssel geben, in der Mitte eine Mulde drücken. Das Ei, den Zucker, die Butter, die geriebene Zitronenschale, die aufgelöste Hefe und die Milch zugeben. Alles zu einem geschmeidigen Hefeteig verkneten. Diesen Teig zweimal jeweils 15 Minuten gehen lassen und immer wieder durchkneten. Dann wird der Teig feinporiger.

Den Backofen auf 180 °C vorheizen. Eine 28 cm lange Kuchen- oder Auflaufform mit Butter einfetten und mit den Speckscheiben auslegen. Den Hefeteig einfüllen, die Birnenviertel eindrücken und den Teig erneut etwa 30 Minuten gehen lassen. Den Teig mit flüssiger Butter bepinseln und bei 180 °C im Ofen 75 bis 85 Minuten backen. Mit einem Holzspieß überprüfen, ob der Teig gar ist, und aus dem Ofen nehmen.

Birnensauce

Die Vanilleschote längs aufschneiden und das Mark herauskratzen. Dann die Zitronenschale abreiben und beiseitestellen, den Saft auspressen. Die Birnen schälen und achteln. Den Stiel, das Kerngehäuse und den Blütenansatz entfernen. Die Birnenachtel noch einmal schräg in 3 oder 4 Teile schneiden und mit dem Zitronensaft beträufeln, damit sie nicht braun werden.

Die Birnenstücke mit Weißwein, 100 bis 200 ml Wasser, Zimtstange und Vanillemark aufkochen und abgedeckt etwa 8 Minuten leicht dämpfen. Sobald die Birnen gar sind, die Zimtstange herausnehmen und die Birnenmasse in einem Mixer oder mit dem Stabmixer pürieren. Mit dem Rapshonig und der geriebenen Zitronenschale abschmecken.

Anrichten

Den Ofenkater in der Form servieren und die Sauce dazu reichen.

Zubereitungstipps

- Wenn Sie die Birnen vom Stiel her zu zwei Drittel anschälen, bekommen die Birnen ein schönes, zackenartiges Muster.
- Wenn Ihnen der klassische Ofenkater mit dem Speck zu deftig ist, können Sie den Hefeteig auch mit etwas mehr Butter und Ei und etwas weniger Flüssigkeit herstellen. Dann wird er noch gehaltvoller.

Einkaufstipp

Versuchen Sie, regionale Birnen für dieses Traditionsgericht zu bekommen. Wichtig ist, dass Sie reife, aber nicht überreife Früchte nehmen.

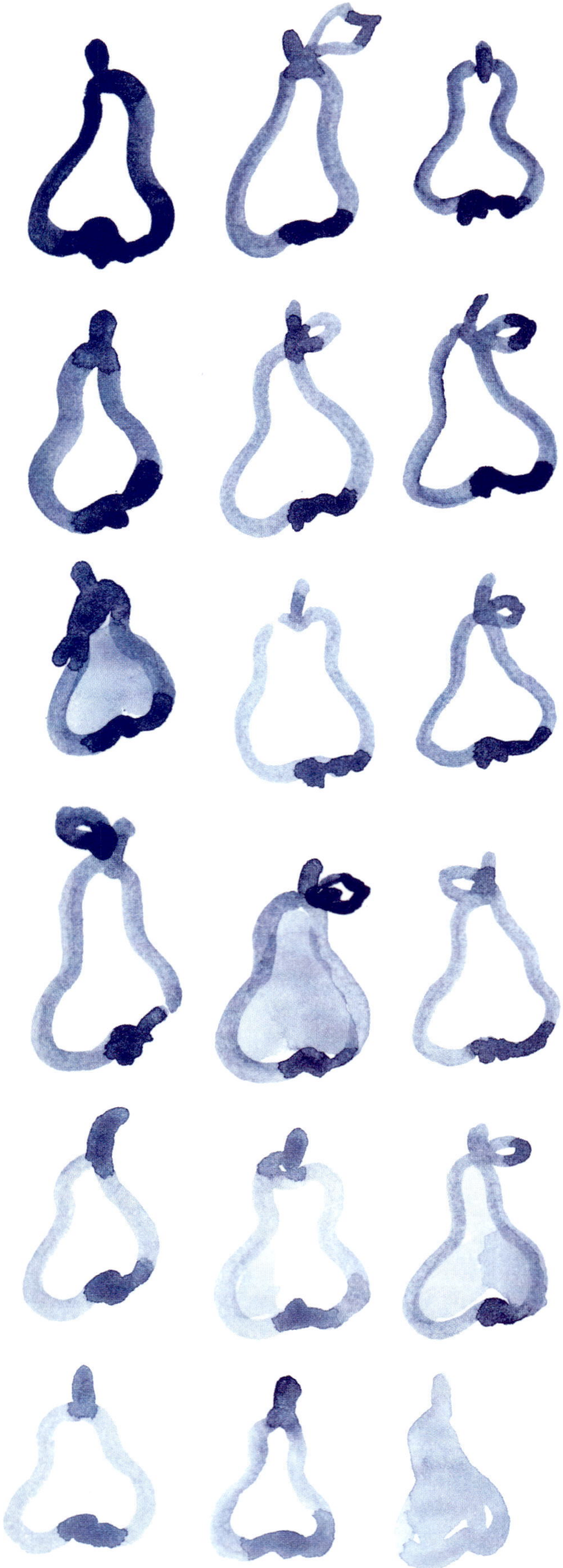

DER OFENKATER MACHT KEIN KOPFWEH

Der Norden ist bekannt dafür, Deftiges mit Süßem zu kombinieren. In diesem Fall finden Speck und Birnen in einem süßen Hefeteig zueinander.

Das traditionelle Gericht stammt aus Dithmarschen, einer Region in Schleswig-Holstein, die zwischen der Nordsee, der Elbe, der Eider und dem Nord-Ostsee-Kanal liegt. Der Ofenkater, plattdeutsch Obenkoter, ansonsten auch Abendkater oder Birnenbeschlag genannt, ähnelt dem Mehlbeutel. Ursprünglich wurde er am Brotbacktag aus einem Teigrest zusammen mit dem Brot im Ofen gebacken. Dafür wurde eine Kastenform mit Speck ausgelegt und mit süßem Hefeteig gefüllt, in den Birnenstücke versenkt wurden. Unklar ist, ob die Birne von Anfang an zu diesem Rezept gehörte oder wann sie hinzukam. Es gibt auch Varianten ohne sie. Daneben existiert noch ein anderes Gericht mit dem Namen Ofenkater: In älteren Kochbüchern wird er beschrieben als eine Art Polenta. Diese Variante war aber eher im Süden verbreitet und keinesfalls süß.

Birnenbeschlag

Zutaten:

1 - 1,5 kg Birnen (am besten Kochbirnen, geviertelt, geschält und knapp gar gekocht)
150 g Butter
200 g Mehl
1/2 l Milch
3 - 6 Eier
250 g durchwachsener Speck
50 gr Zucker
1 Teelöffel Zimt
1 Prise Kardamom
1 Prise Salz

Das Eigelb mit Zucker verrühren.
Mehl, Milch, Butter und Salz zu einem Kloß verkneten und anschließend den Eizucker dazu geben.
Eiweiß schlagen.
Das Eiweiß unter den Teig heben.
Eine Auflaufform einfetten, mit Birnen, Zimt, Kardamom und zum Schluß mit dem Speck belegen.
Den Teig darauf geben und eine 3/4 Std bei 180 Grad im Ofen backen.

Dies ist ein Rezept aus den 50iger und 60iger Jahren. Meine Mutter kochte dies oft für uns Kinder.

Leserrezept

Dieses Rezept stammt von Charlotte Gravenhorts.

Der kuriose Name rührt daher, dass sich die rote Speisefarbe beim Erkalten und Festwerden des Desserts absetzt und oben eine rosafarbene Schicht bildet.

ERRÖTENDES MÄDCHEN

Errötendes Mädchen

1 Biozitrone

5 Blatt Gelatine

50 g Zucker

500 ml Buttermilch

2,5 cl Grenadine- oder Johannisbeersirup

Garnitur

100 ml Sahne, steif geschlagen

Minze- oder Zitronenmelisseblätter

Errötendes Mädchen

Die Zitronenschale fein abreiben und beiseitelegen, dann die Zitrone halbieren und auspressen. Die Gelatine in Wasser einweichen. Den Zucker mit dem Zitronensaft und 100 ml Buttermilch verrühren und im Topf erhitzen. Die eingeweichte Gelatine gut ausdrücken und unter die erhitzte Masse rühren, sodass die Gelatine sich auflöst. Die Masse durch ein feines Sieb in die restliche Buttermilch gießen. Die Masse etwas abkühlen lassen, die Zitronenschale hinzufügen und alles vermengen. Ein Fünftel der Masse abgießen, in einem anderen Gefäß mit dem Grenadinesirup verrühren.

Erst die weiße Masse in gekühlte Gläser füllen und etwas anstocken lassen. Das bedeutet, den Moment abzuwarten, in dem die Masse langsam fest wird, sodass sich die Schichten nicht vermischen. Dann die rötliche Masse vorsichtig einfüllen und fest werden lassen.

Anrichten

Sobald beide Massen fest sind, mit der geschlagenen Sahne und den Minze- oder Zitronenmelisseblättern garnieren und servieren.

Zubereitungstipps

- Früher hat man rote Gelatine genommen, um die Speise zu färben. Die setzte sich beim Abkühlen entsprechend ab. Wenn Sie Grenadine- oder Johannisbeersirup verwenden, bekommen Sie eine gleichmäßigere Farbe.
- Beim Schichten brauchen Sie etwas Fingerspitzengefühl: Die Massen dürfen nicht mehr flüssig, aber auch noch nicht richtig fest sein, weil sie sich dann gar nicht mehr schichten lassen. Um das hinzubekommen, können Sie die erste Masse im Kühlschrank und die zweite bei Zimmertemperatur anstocken lassen. Dann ist die erste schneller fest und vermischt sich nicht, auch wenn die zweite noch flüssig ist. Gekühlte Gläser unterstützen diesen Effekt.

Einkaufstipp

Wenn Sie die Schale von Zitrusfrucht verwenden, kaufen Sie wegen der möglichen Pestizidbelastung lieber Biofrüchte.

DIE UNSCHULD VOM LANDE SCHLESWIG-HOLSTEIN

Errötendes Mädchen oder Errötende Jungfrau klingt nach Altherrenromantik – kaum vorstellbar, dass eine Frau eine Speise so nennen würde. Was jedoch nicht bedeuten muss, dass ein Mann diese Süßspeise erfunden hat. Wahrscheinlicher ist, dass es eine Frau war.

Schleswig-Holstein gilt als das Land, in dem Milch und Sahne fließen. Aus Sahne wiederum wird Butter hergestellt – anders als heute geschah das früher direkt auf den Höfen und war eine Arbeit, die Frauen erledigten. Die dabei als Nebenprodukt entstehende Buttermilch, jene säuerliche kalorienarme, aber nährstoffreiche Milchflüssigkeit, musste schnell verarbeitet werden, damit sie nicht verkam. So entstanden im Norden viele Rezepte mit Buttermilch, süße wie salzige.

Die als Errötende Jungfrau bekannte traditionelle Süßspeise aus Schleswig-Holstein ist wie viele andere mit der Zeit entstanden und hat sich weiterentwickelt. Es finden sich nicht nur verschiedene Rezepte, sondern auch ähnlich klingende Namen für das Gericht. Im Wesentlichen handelt es sich um ein Buttermilchgelee – nur beim Binden und Färben gibt es Unterschiede: Während das Errötende Mädchen in der Regel mit Saft, Kompott oder Marmelade von Preiselbeeren zubereitet wird, ist in der Mädchenröte schwarzer oder roter Johannisbeersaft enthalten. Für die Errötende Jungfrau wiederum gibt es Rezepte, in denen die Buttermilch nur mit roter Gelatine gebunden wird, manchmal wird aber auch Preiselbeerkompott oder Himbeermark untergerührt. Es gibt sogar alkoholische Varianten des Errötenden Mädchens, bei denen die Buttermilchcreme mit Rum aromatisiert und die Gelatine in Rotwein aufgelöst wird. In anderen werden Himbeergeist und Himbeeren verarbeitet, manchmal sogar zerbröselter Pumpernickel zugefügt. Oder ein Sahnejoghurt ersetzt die Buttermilch – die Übergänge sind fließend. Einige glauben, der kuriose Name rührt daher, dass sich die rote Speisefarbe beim Erkalten und Festwerden des Desserts absetzt und oben eine rosafarbene Schicht bildet. Vielleicht war es aber auch das Hochprozentige in der Süßspeise, das die Wangen der Damen erröten ließ …

Die hierfür benötigte Birne darf und soll süß und saftig sein. Es ist die Cuisse Madame, eine sehr alte französische Birnensorte.

QUETSCHMADAME

Birnen

1 Zitrone

460 g reife, regionale Birnen (z. B. Clapps Liebling)

30 g Rapshonig

4 cl Birnenschnaps (weglassen, falls Kinder mitessen)

Milchreis

1 Stange Tahiti-Vanille

0,5 l Milch

40 g Zucker

100 g Rundkornreis

½ Zimtstange

Erdbeerpüree

200 g Erdbeeren

40 g Gelierzucker zum kalten Gelieren

Vorbereitungen

Die Zitrone gut waschen, die Schale fein abreiben. Den Abrieb beiseitestellen und den Saft der Zitrone auspressen. Die Birnen schälen, Stiel und Kerngehäuse entfernen und vierteln, die Viertel in je 4 Stücke teilen. Rapshonig, Birnenschnaps und Zitronensaft verrühren und die Birnen darin marinieren.

Milchreis

Die Vanilleschote längs halbieren, das Vanillemark auskratzen. Die Milch, den Zucker, die Vanillestange und das Vanillemark sowie den Rundkornreis in einen Topf geben, aufkochen und abgedeckt etwa 20 Minuten gar quellen lassen. Wenn der Reis gar ist und die Milch komplett aufgesogen hat, den Milchreis abkühlen lassen. Die Vanilleschote herausnehmen und die geriebene Zitronenschale unterrühren.

Erdbeerpüree

Für das Erdbeerpüree die Erdbeeren waschen, putzen und abtropfen lassen oder trocken tupfen. Mit dem Gelierzucker im Mixer pürieren.

Anrichten

Den Milchreis kalt oder warm auf Teller oder Gläser verteilen. Die marinierten Birnen darauf anrichten und das Dessert mit Erdbeersauce umgießen.

Zubereitungstipps

- Die Birnen können Sie auch warm servieren. Dafür schwitzen Sie die Fruchtstücke mit Rapshonig und Flüssigkeit kurz an und flambieren sie mit dem Birnenschnaps.
- Statt der Zitrone können Sie auch zwei Limetten nehmen.
- Spülen Sie den Rundkornreis vorher mit viel kaltem Wasser ab, dann wird er später nicht so schleimig. Und achten Sie beim Kochen auf die richtige Konsistenz: Der Reis ist fertig, wenn er nicht völlig weich, sondern im Kern noch etwas bissfest ist.

DIESE QUETSCHMADAME IST EINE GANZ SÜSSE

Typisch für alte norddeutsche Gerichte sind die kleinen, harten Kochbirnen, wie bei Birnen, Bohnen und Speck. Bei diesem Milchreis ist es anders: Die hierfür benötigte Birne darf und soll süß und saftig sein. Es ist die Cuisse Madame, eine sehr alte französische Birnensorte, die 1628 erstmals beschrieben wurde. Salopp lässt sich dieser Name mit Frauenschenkel übersetzen, was im Laufe der Zeit zu Quetschmadame verballhornt wurde. Die Birne ist auch unter einigen anderen Namen bekannt, etwa Sparbirne, Franzmadam, Storchenschnabel, Weinzapfenbirne oder Jungfernbirne. Sie zählte zu den besten Frühbirnen, mit glatter, hellgrüner und stellenweise geröteter Schale und einem flaschenförmigen Körper mit sehr schlankem Hals. Ende des 18. Jahrhunderts kam sie nach Deutschland und war dort bis etwa 1910 sehr weit verbreitet, zum Beispiel im Lüneburger Raum. Heute finden sich nur noch vereinzelt Bäume mit dieser Frucht.

Die geschichtete Nachspeise wurde durch Thomas Mann bekannt und gilt heute als Lübecker Spezialität.

PLETTENPUDDING

Biskuitteig

6 Eier

60 g Zucker

45 g Mehl

45 g Weizenstärke

Makronenteig

250 g Marzipan

90 g Zucker

2 Eiweiß

Vanillecreme

1 Tahiti-Vanilleschote

3 Eigelb, 1 Eiweiß

3–4 Blatt Gelatine

300 g Sahne

40 g Zucker

Außerdem

400 g Himbeeren

6 cl Himbeergeist (oder Himbeersirup, wenn Kinder mitessen)

Einige Zitronenmelissespitzen

Biskuitteig

Den Backofen auf 200 °C vorheizen. Die Eier trennen. Die Eigelbe mit 40 g Zucker schaumig und das Eiweiß mit 20 g Zucker steif schlagen. Das Mehl mit der Weizenstärke mischen. Die Eiweiß- und Eigelbmassen vorsichtig miteinander vermengen und das Mehl untersieben und vorsichtig unterrühren. Die Masse auf Backpapier streichen und im Ofen auf der mittleren Schiene circa 8 bis 10 Minuten backen. Herausnehmen und abkühlen lassen.

Makronenteig

Den Backofen auf 220 °C vorheizen. Das Marzipan mit dem Zucker verkneten. Dann das Eiweiß nach und nach unterarbeiten. Mit einem Sterntüllen-Spritzbeutel die etwa 12 bis 16 Makronen aufs Backpapier spritzen und diese im Ofen auf mittlerer Schiene etwa 8 Minuten ausbacken. Herausnehmen und abkühlen lassen.

Vanillecreme

Die Vanilleschote mit einem scharfen Messer längs halbieren und auskratzen. Die Eier trennen, dabei ein Eiweiß für die Makronenmasse beiseitestellen. Die Gelatine in kaltem Wasser einweichen und die Sahne steif schlagen. Die beiden Eiweiße mit der Hälfte des Zuckers steif schlagen. Die Eigelbe mit dem restlichen Zucker und dem Vanillemark im warmen Wasserbad (ca. 70 °C) schaumig schlagen, bis das Eigelb bindet. Dann die ausgedrückte Gelatine unterrühren. Die Masse im Gefrierfach kurz abkühlen lassen, zwischendurch aber immer wieder umrühren, bis die Gelatine anzieht und die Masse kalt ist. Sie soll keinesfalls anfrieren. Kurz bevor die Masse fest wird, die geschlagene Sahne und anschließend das geschlagene Eiweiß vorsichtig unterheben. Diese Masse zum Schichten beiseitestellen.

Plettenpudding

Eine rechteckige Kastenform mit Klarsichtfolie auslegen und die verschiedenen Zutaten in folgender Reihenfolge darin schichten:

1. Die Hälfte des Biskuitteigs als Boden hineinlegen.
2. Etwas Himbeergeist oder -sirup auf den Biskuitteig träufeln, einige zerdrückte Himbeeren darauf verteilen.
3. Eine dünne Schicht Vanillecreme auf die Himbeeren streichen.
4. Die zweite Hälfte des Biskuitteiges als Zwischenboden auflegen.
5. Diesen mit dem restlichen Himbeergeist oder -sirup beträufeln.
6. Eine weitere Schicht Vanillecreme auf den Boden streichen.
7. Die restlichen Himbeeren auf der Creme verteilen und diese wieder mit der übrigen Creme bedecken.

Den Plettenpudding im Kühlschrank etwa 2 Stunden auskühlen lassen. Alternativ dazu können Sie die Zutaten auch in einzelne Gläser schichten.

Anrichten

Den Plettenpudding vorsichtig aus der Form heben. Die Makronen aufsetzen, den Plettenpudding in gleichmäßige Portionen schneiden und jeweils mit ein paar Zitronenmelisseblättchen garnieren. Sofort servieren.

Einkaufstipp

Bei der Vanille gibt es große qualitative Unterschiede, da nicht alle Schoten den gleichen Aromagehalt haben. Bei diesem Rezept können Sie Tahiti-Vanille verwenden, noch besser wäre Mexiko-Vanille. Sie ist noch hochwertiger und hat ein besonders feines, schokoladiges Aroma.

Zubereitungstipps

- Marzipan kann sehr unterschiedlich sein. Jede Masse hat eine andere Konsistenz, deswegen benötigen Sie manchmal etwas mehr Eiweiß oder Marzipan-Grundmasse. Wichtig ist, dass Ihnen die Masse beim Aufspritzen nicht zerläuft.

- Da dieses Rezept recht aufwendig ist, bietet es sich an, den Biskuitteig und die Maronen bereits am Vortag zuzubereiten.

- Um nicht unnötig viele Eier aufzuschlagen, beachten Sie bitte Folgendes: Für die Makronen brauchen Sie 2 Eiweiße und für die Vanillecreme 3 Eigelbe und 1 Eiweiß. Das macht insgesamt 3 Eier. Wenn Sie die Makronen vorbereiten, stellen Sie die übrigen Eiweiße für den nächsten Tag kalt.

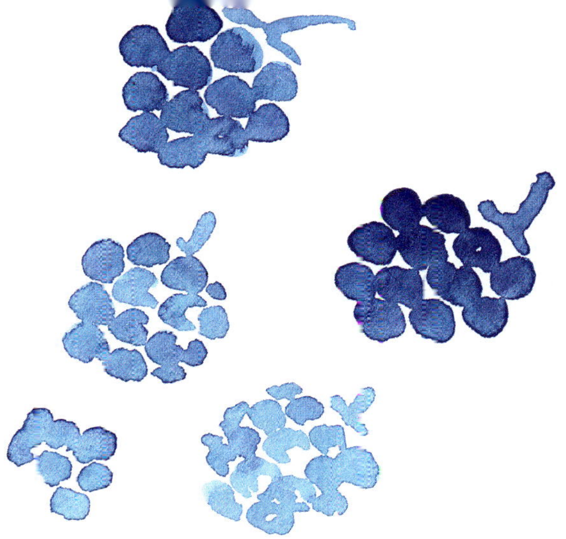

DIESER PUDDING IST NOBELPREISVERDÄCHTIG

Die feine Gesellschaft Lübecks war nach der Veröffentlichung von Thomas Manns Familiensaga „Die Buddenbrooks" nicht besonders gut auf den jungen Mann zu sprechen. Einige schäumten geradezu, er habe seine Heimat verraten, und beschimpften ihn als Nestbeschmutzer und Fahnenflüchtling, nachdem er nach München gezogen war. Das war 1901. Damals ahnte noch niemand, dass Mann fast drei Jahrzehnte später für seinen Roman über den Verfall einer Familie den Nobelpreis erhalten und kurz vor seinem Tod im Jahr 1955 sogar Ehrenbürger von Lübeck werden würde.

Ausgerechnet dieses gescholtene Buch trug dazu bei, dass sich die Nachwelt an einige Traditionsgerichte der Stadt erinnert. Noch heute bieten Lübecker Restaurants das Buddenbrook-Menü an mit Speisen aus dem Roman und dem berühmten Plettenpudding als Krönung. Die geschichtete Nachspeise mit Makronen, Himbeeren, Biskuit und Eierschaum gilt heute als Lübecker Spezialität, und bei mehr als 100 Jahren kann man durchaus von Tradition sprechen. Aber stammt sie tatsächlich aus Lübeck? Daran gibt es Zweifel. Thomas Mann legte zwar stets Wert darauf, dass in seinen Werken alles bis aufs Detail stimmte. In Büchern über die traditionelle Küche Schleswig-Holsteins taucht das Rezept auch auf, aber nicht in den wirklich alten norddeutschen Kochbüchern. Mann fragte sogar seine Mutter, die zwei alte handgeschriebene Lübecker Kochbücher besaß. Doch sie fand nichts. Ausgedacht hatte sich Mann dieses Gericht allerdings keineswegs, denn er soll es als Kind oft gegessen – und geliebt – haben.

Offenbar gab es ein Problem mit dem Namen. „Hätten er und seine Mutter gewusst, wie diese Nachspeise wirklich heißt, dann hätten sie Rezepte dafür in fast jedem Kochbuch ihrer Zeit finden können", schreibt Rezeptforscherin Petra Foede in ihrem Buch „Wie Bismarck auf den Hering kam". „Es handelt sich um den früher sehr populären Diplomaten- oder Kabinettpudding." Die Zutaten hierfür klingen ähnlich: Biskuit, zerbröselte Makronen, eine Eiercreme und Obst der Saison. Üblich war – außer wenn Kinder mitaßen –, den Biskuit mit Alkohol zu tränken. Das wiederum erinnert sehr an das englische Trifle, bei dem ebenfalls Biskuit, Likör und süße Eiercreme aufeinandergeschichtet werden. In England war der Diplomatenpudding seinerzeit der Renner. Das muss sich herumgesprochen haben, denn auch auf dem Festland entstanden verschiedene Rezepte und Varianten. Ungeklärt bleibt jedoch, wie das Wort Pletten entstanden ist und was es wohl bedeuten mag. Genug Stoff also für einen weiteren Roman.

Jedes Jahr werden 300 000 Tonnen Äpfel im Alten Land, der Region südlich der Elbe, geerntet.

APFELTALER MIT JOHANNISBEERSAUCE

Apfeltaler

1 Zitrone

4 mittelgroße Äpfel (à 160 g, z. B. Juwel aus Kirchwerder oder Finkenwerder Herbstprinz)

1 Ei (à 50 g)

150 g Mehl

60 g Zucker

1 g Salz

180 ml Bier (Pils)

500 ml Frittierfett

Johannisbeersauce

110 g rote Johannisbeeren

30 g Gelierzucker zum kalt Gelieren

250 ml Milch

100 ml Sahne

Zimtzucker

30 g Zucker

2 g Zimtpulver

Apfeltaler

Die Zitrone waschen und abreiben. Die Schale auf einer Reibe fein abreiben und beiseitestellen, den Saft auspressen und ebenfalls beiseitestellen. Die Äpfel schälen und in jeweils 3 bis 4 Ringe schneiden, die runden Enden vorher wegschneiden. Die Scheiben nach Belieben mit einem großen runden oder gezackten Ausstecher ausstechen, damit alle gleich groß sind und gleich lange garen. Das Kerngehäuse mittig ausstechen. Die Äpfel mit der Hälfte des Zitronensaftes beträufeln.

Die Eier trennen, das Eiweiß mit einer Prise Salz steif schlagen. Das Mehl mit Zucker und Salz in eine Schüssel geben und vermischen. In der Mitte eine Mulde formen. Das Eigelb, die Zitronenschale und das Bier nach und nach zugeben und mit dem Mehl vermengen. Den Teig eine halbe Stunde stehen lassen, dann das geschlagene Eiweiß unterheben.

Das Frittierfett im Topf auf 170 °C vorheizen. Die Apfelringe mit Küchenpapier trocken tupfen, in den Ausbackteig tauchen, abstreifen und im heißen Fett etwa 2 bis 3 Minuten ausbacken, danach auf Küchenpapier abtropfen lassen.

Johannisbeersauce

Die roten Johannisbeeren waschen, abtropfen lassen und vom Stiel befreien. Die Johannisbeeren, Gelierzucker, Milch und Sahne in einen Mixer geben und pürieren, dann mit dem übrigen Zitronensaft abschmecken.

Anrichten

Die gebackenen Apfelringe mit etwas Zimtzucker bestreuen und auf die vorgewärmten Teller verteilen. Die Johannisbeersauce in einer Sauciere separat servieren.

Zubereitungstipp

Wenn Sie die Äpfel in etwas Mehl wenden, bevor Sie sie in den Backteig tauchen, hält der Teig besser.

FÜR EVAS UND PARADIESVÖGEL

„Deutschlands größter Obstgarten" liegt im Norden, von Hamburg aus betrachtet sogar direkt vor der Haustür: im Alten Land, der Region südlich der Elbe. Dieses riesige Früchteparadies, das einst die Holländer eindeichten und besiedelten, ist mit 10 500 Hektar das größte zusammenhängende Obstanbaugebiet in Deutschland, wobei mit Obst vor allem der Apfel gemeint ist. Fast 90 Prozent der Anbaufläche entfallen auf ihn, gefolgt von Süßkirschen, Birnen, Sauerkirschen, Pflaumen und Beeren. Jedes Jahr werden 300 000 Tonnen Äpfel geerntet. Dabei werden heute nur noch ein gutes Dutzend verschiedener Sorten kultiviert, darunter Boskoop, Gloster oder Jonagold – vor 50 Jahren waren es mehr als 400. Alte Sorten wie Holsteiner Cox oder Finkenwerder Herbstprinz sind noch vereinzelt zu finden, auf Wochenmärkten oder bei lokalen Anbietern im Alten Land. Und wer schon mal dort ist, kann auch eine der vielen regionalen Spezialitäten probieren: Apfelkuchen in unzähligen Variationen, Apfelsaft, -marmelade und -likör oder den Altländer Diekpedder, einen Aperitif aus Obstler und frischem Apfelsaft, der kalt und warm getrunken wird. Und vielleicht gebackene Apfeltaler wie diese.

Der rote Himbeer-Rhabarber eignet sich für dieses Gericht besser als der grüne. Er ist lieblicher im Geschmack und kaum sauer.

QUARKKNÖDEL AUS DER WILSTERMARSCH

Quarkknödel

300 g Magerquark
1 Ei
1/4 Tahiti-Vanillestange
120 g Toastbrot ohne Rinde
35 g Butter
16 g Zucker

Brösel

25 g Toastbrot ohne Rinde
100 g Butter
20 g Zucker
Etwas Zimt

Rhabarber

400 g Himbeer-Rhabarber (rot)
200 g Zucker
1/8 Zimtstange
1/8 Tahiti-Vanillestange
3 cl Haide Küsschen oder Crème de Cassis
3 cl Grenadine-Sirup
2 TL Speisestärke (10 g)

Quarkknödel

Den Quark in einem Tuch gut ausdrücken. Er sollte möglichst trocken sein. Eiweiß und Eigelb trennen. Die Vanillestange längs halbieren und auskratzen. Das Eiweiß steif schlagen. Das Toastbrot fein reiben. Butter, Zucker, Eigelb und Vanille schaumig rühren, den Quark zugeben und verrühren. Das Eiweiß vorsichtig unterheben, die Toastbrotbrösel unterrühren. Die Masse 45 Minuten ruhen lassen, anschließend etwa 12 bis 15 kleine Knödel (Golfballgröße) daraus formen. Die Knödel etwa 5 Minuten in leicht gesalzenem, heißem, aber nicht mehr kochendem Salzwasser gar ziehen. Dann herausnehmen und vorsichtig trocken tupfen.

Brösel

Das Toastbrot fein reiben. Die Butter in einer Pfanne erhitzen, die Brösel darin goldbraun rösten. Die Knödel in die Pfanne geben und in den Bröseln wälzen, dabei nur die Pfanne bewegen. Zum Schluss Zucker und Zimt zugeben.

Rhabarber

Den Rhabarber waschen und schräg in 6 cm lange Stücke schneiden. Die Rhabarberreste mit dem Zucker, etwa 40 ml Wasser, Likör und Sirup im Topf aufkochen und abgedeckt 5 Minuten knapp unter dem Siedepunkt garen, anschließend durch ein feines Sieb streichen. Den so entstandenen Rhabarbersaft wieder aufkochen. Die Speisestärke mit etwas kaltem Wasser glatt rühren, den Saft damit leicht abbinden. Die ganzen Rhabarberstücke in diesem Fond etwa 3 bis 4 Minuten köcheln. Sie sollen nicht zerfallen. Nach Belieben etwas nachzuckern.

Anrichten

Den Rhabarber mit 2 bis 3 Knödeln je Teller verteilen, nach Belieben noch etwas Butter und Brösel, Zucker und Zimt darüber geben.

Zubereitungstipp

Achten Sie darauf, dass die Pfanne nicht zu heiß wird, sonst verbrennen die Brösel.

IMMER AM BALL BLEIBEN

Semmelknödel, Speckknödel, Germknödel, Topfenknödel – das alles klingt zunächst nicht besonders norddeutsch. Der Begriff Knödel und das bayerische Wort Semmel für Brötchen oder Topfen, wie die Österreicher den Quark nennen, weisen klar gen Süden. Ob sie dort wirklich ihren Ursprung haben, ist aber unklar. Allerdings behaupten die Bayern das gern und garnieren ihre Knödel-Hoheit mit hübschen Legenden. So sollen die Frauen von Deggendorf in Bayern einst böhmische Belagerer mit Knödeln in die Flucht getrieben haben. Besonders realistisch klingt das nicht. Auch Regionen außerhalb Bayerns haben eine lange Knödeltradition, Böhmen etwa oder Thüringen, und die Idee, aus Lebensmitteln einen Teig herzustellen, ihn zu Kugeln zu formen und diese zu garen, kann nun wirklich überall entstanden sein. Für die Überregionalität spricht auch die große Vielfalt der Knödel, die aus Kartoffeln, Weißbrot, Hefeteig, Grieß, Mehl oder aus Quark zubereitet werden, als süße und pikante Variante, gefüllt oder pur, als Beilage oder Hauptgericht.

Was den Quarkknödel betrifft: Bei uns im Norden gibt es ausgezeichnete Molkereien, in denen Quark hergestellt wird, etwa in der Wilstermarsch. Die Region nordöstlich der Elbe, zwischen Stör und Nord-Ostsee-Kanal, ist vor allem berühmt für ihren Wilstermarschkäse. So haben auch die Norddeutschen schon lange Quarkknödel gedreht, gekocht und als Dessert serviert.

Entstanden ist das Getränk wahrscheinlich auf der nordfriesischen Insel Nordstrand im 19. Jahrhundert.

PHARISÄER

Für eine Portion

4 cl Jamaika-Rum (48%)

Zucker nach Belieben

16 cl Kaffee, stark aufgebrüht

Geschlagene Sahne nach Belieben

Dicke Schokoladenraspel nach Belieben

Den Rum mit dem Zucker und dem heißen Kaffee vermengen, bis der Zucker sich aufgelöst hat. In eine Tasse gießen und mit einer größeren Portion geschlagener Sahne bedecken. Zum Schluss nach Belieben mit Schokoladenraspeln bestreuen.

Einkaufstipp

Sorte und Geschmack des Rums sind nicht so wichtig, da der Kaffee den Geschmack dominiert.

DER HAT DOCH EINEN SCHUSS, DIESER PHARISÄER!

Wer im Religionsunterricht aufgepasst hat, erinnert sich vielleicht, was der Begriff Pharisäer eigentlich bedeutet. Vor rund 2000 Jahren, als Jesus gelebt haben soll, waren die Pharisäer Vertreter eines bestimmten Zweiges des Judentums, Gläubige, die im täglichen Leben streng nach den jüdischen Gesetzen lebten. Sie lebten ihre Frömmigkeit offenbar etwas zu demonstrativ aus, denn andere Gläubige störten sich daran, und mit der Zeit entwickelte sich der Name zum Schimpfwort. Er bedeutete so viel wie Heuchler oder Scheinheiliger.

Was das mit diesem Heißgetränk zu tun hat? Ziemlich viel. Denn Religion und Scheinheiligkeit sind wichtige Zutaten der Geschichte, die man sich über die Entstehung dieser hochprozentigen Kaffeespezialität erzählt. Es ist typisch für Legenden, dass sie häufig und gern erzählt werden. Und wie das bei mündlicher Überlieferung oft ist, schmückt der ein oder andere Erzähler einige Details aus oder lässt andere weg – wie bei dem Spiel „Stille Post“: Was am Ende herauskommt, muss nicht mehr mit dem Anfang übereinstimmen.

Beim Pharisäer ist es möglicherweise genauso. Wie viel man von der Geschichte glauben möchte, kann jeder für sich entscheiden – das Getränk ist auf jeden Fall eine Sünde wert. Entstanden ist es wahrscheinlich auf der nordfriesischen Insel Nordstrand im 19. Jahrhundert. Der Pastor einer größeren Gemeinde hatte offenbar etwas gegen Alkohol. Ob er selbst besonders asketisch war oder generell den Genuss von Hochprozentigem nicht gutließ oder gar verbot, wie manche erzählen, ist unklar. Die Friesen verständigten sich jedenfalls darauf, nur Kaffee zu trinken, wenn dieser Pastor da war. Bei einer Taufe wollten sich die Gemeindemitglieder den Alkoholgenuss aber nicht nehmen lassen und bedienten sich daher einer List: Sie rührten einen Schuss Rum in ihren Kaffee und bedeckten das Mischgetränk in der hohen Tasse mit einer Sahnehaube, so dick, dass das verräterische Rumaroma in der Tasse blieb. Der Pastor bekam die alkoholfreie Variante.

Ob man ihm schließlich aus Versehen die falsche Tasse reichte oder er irgendwann stutzig wurde und selbst zur verdächtigen Tasse griff, ist unbekannt. Die norddeutsche Musikgruppe Godewind entschied sich in ihrem Lied über das Getränk für Letzteres: „He kiekt na links, he kiekt na rechts, em kümmt wat in de Sinn. De Kaffee von de Naberslüüd, mag ween, dor is wat in. He grapscht de Tass vun de linke Siet und drinkt se hastig leer. He grapscht de Tass vun de rechte Siet un bölkt: ‚Oh, ihr Pharisäer!‘“ Dieser entrüstete Ausspruch des Pastors war es, der dem Getränk seinen Namen gab.

Übrigens: Der Pharisäer wird nicht umgerührt. Wer sich dabei erwischen lässt, gibt eine Lokalrunde aus. Stilecht trinkt man den Kaffee durch die Sahne.

Omeletts sollen schon die Römer zu schätzen gewusst haben. Heute sind Pfannkuchen universal – kaum eine Nation, die nicht eine eigene Version vorweisen kann.

NORDDEUTSCHE PFANNKUCHEN

Bickbeeren

250 g Bickbeeren (Heidelbeeren)

30 g Puderzucker

Pfannkuchen

1/4 Tahiti-Vanilleschote

2 Eier

80 g Zucker

180 g Mehl

Schale 1/2 Biozitrone

200 ml Milch

60 g Butter

Bickbeeren

Die Bickbeeren verlesen, waschen und abtropfen lassen. Mit der Hälfte des Puderzuckers bestreuen.

Pfannkuchen

Die Vanilleschote längs halbieren, das Mark auskratzen. Die Eier trennen. Das Eiweiß mit dem Zucker und dem Vanillemark steif schlagen. Die Schale der Zitrone fein abreiben. Das Mehl, die geriebene Zitronenschale, die Milch und die Eigelbe in einer Schüssel verrühren. Das Eiweiß zugeben und vorsichtig unterrühren.

Den Ofen auf 180 °C vorheizen. Die Butter portionsweise in einer kleinen Pfanne erhitzen. Jeweils ein Viertel der Bickbeeren zugeben und darin kurz erhitzen. Dann ein Viertel des Pfannkuchenteiges zugeben. Die Pfannkuchen etwa 4 bis 5 Minuten auf der mittleren Schiene im Ofen garen. Die fertigen Pfannkuchen warm halten. Wenn möglich mit zwei Pfannen gleichzeitig arbeiten oder nur zwei große Pfannkuchen zubereiten und jeweils halbieren.

Anrichten

Die warmen Pfannkuchen auf vorgewärmte Teller stürzen, mit dem übrigen Puderzucker bestreuen und sofort servieren.

Zubereitungstipps

- Das gesondert aufgeschlagene Eiweiß macht den Pfannkuchen luftig und locker.
- Für eine etwas deftigere Alternative können Sie etwas milden, mageren Speck in der Pfanne auslassen, bevor Sie die Butter erhitzen, und die Pfannkuchen wie beschrieben zubereiten.

Einkaufstipp

Achten Sie darauf, dass die Bickbeeren nicht zu groß und matschig sind. Dann eignen sie sich für den Pfannkuchen nicht mehr so gut.

BEI DIESEM GERICHT IST ALLES IN BUTTER

Wie der Name schon verrät, kommt der Pfannkuchen aus der Pfanne, so viel ist klar. Sein Teig besteht im Wesentlichen aus Eiern, Milch und Mehl, aber wie er zubereitet und serviert wird, ob dünn oder dick, süß oder herzhaft, gefaltet oder gerollt, hängt davon ab, wo man ihn isst.

Wer den Pfannkuchen erfunden hat oder wann er entstanden ist, lässt sich heute nicht mehr sagen. Da er irgendwo zwischen Fladenbrot und Omelett anzusiedeln ist, muss er weit zurückreichende Wurzeln haben: Das Fladenbrot gilt als die älteste Form des Brotes überhaupt, und Omeletts sollen schon die Römer zu schätzen gewusst haben. Heute sind Pfannkuchen universal – kaum eine Nation, die nicht eine eigene Version vorweisen kann. Der amerikanische Pancake ist vom Teig her einer der dicksten Vertreter, die französische Crêpe dagegen zählt zu den feinsten und zartesten Formen. Dazwischen liegen die Palatschinken der Österreicher, die Blini der Russen und gewissermaßen auch die kleinen Poffertjes der Holländer, ebenso wie die verschiedenen Pfannkuchen, die in Deutschland üblich sind.

Zu den regionalen Spezialitäten des Nordens, vor allem der Lüneburger Heide, gehören Buchweizenpfannkuchen. In den Teig gehört traditionell neben Mehl, Eiern, Milch oder Schmand auch Tee oder Kaffee. Und man backte sie in gebratenem Schweinespeck, was das Ganze zu einer recht fettigen Angelegenheit machte.

Fettig war damals aber kein Problem. Mancherorts zelebrierte man dies sogar: In einigen Ländern wie England, Frankreich, Russland und eben auch Norddeutschland gab es die Tradition, Eierpfannkuchen am Fastnachtsdienstag zu essen. Kurz bevor die Fastenzeit anbrach, verarbeitete man schnell noch die künftig verbotenen tierischen Lebensmittel. Die Engländer nennen den Fastnachtsdienstag daher auch „Pancake Tuesday“, in Frankreich heißt das „mardi gras“, der fette Dienstag. Am gründlichsten bereiteten sich die orthodoxen Russen auf den Verzicht vor – mit einer ganzen „Butterwoche“.

Übrigens ist der hier besprochene Pfannkuchen nicht zu verwechseln mit dem Berliner Pfannkuchen, einem mit Konfitüre gefüllter Hefeteig, der je nach Region Krapfen, Kräppel oder Berliner genannt wird. Der ist kugelrund und soll von einem Berliner Zuckerbäcker erfunden worden sein, der eine Schwäche fürs Militär hatte. Aber das ist eine andere Geschichte.

Die Ähnlichkeit zum früheren englischen Pudding ist nicht zufällig: Er ist ein Vorläufer des Mehlbeutels.

GROSSER HANS
ODER KLEINE MEHLBEUTEL

Mehlbeutel

1 Biozitrone
150 ml Milch
5 Eier (à ca. 50 g)
600 g Weizenmehl
25 g Weizenstärke
42 g Hefe
20 g Zucker
etwas Salz
1 Msp. Zimt
1 Msp. Kardamon
1 mittelgroßes Leinentuch

Früchte

100 g Erdbeeren
100 g Himbeeren
100 g Bickbeeren
100 g Johannisbeeren
20 g Puderzucker

Mit einer feinen Reibe die äußere Zitronenhaut abreiben, dann den Saft auspressen. Beides getrennt voneinander beiseitestellen. Die Milch leicht erhitzen, bis sie lauwarm ist. Die Eier in einer Schüssel leicht aufschlagen.

Das Weizenmehl und die Weizenstärke in eine Schüssel geben, in der Mitte eine Mulde formen. Die lauwarme Milch und die zerbröselte Hefe hineingeben und alles gut vermengen. Dann Zucker, Salz, Zimt, Kardamon, die geriebene Zitronenschale und die verrührten Eier hinzugeben und alles zu einem Hefeteig verkneten. Diesen Teig mit einem feuchten Tuch abdecken und etwa 30 Minuten bei Zimmertemperatur gehen lassen und noch einmal verkneten. Anschließend das Leinentuch auslegen und mit Mehl bestäuben. Den Hefeteig auf das Tuch legen und die Zipfel des Tuchs über Kreuz oben zusammenbinden. Dabei eine Handbreit Luft lassen, damit der Teig weitere 15 Minuten bei Zimmertemperatur aufgehen kann.

Einen großen Topf mit etwas Wasser zum Kochen bringen und das Wasser kräftig salzen. Das Leinentuch mit dem Hefeteig in den Topf einlassen, dabei einen Kochlöffel durch den Knoten im Tuch stecken, um es am Topfrand zu fixieren. Wichtig ist, dass der Mehlbeutel nur knapp das Wasser berührt. Den Topf mit einem Deckel so gut wie möglich verschließen und etwa 50 bis 60 Minuten bei einer Temperatur unter dem Siedepunkt gar dämpfen. Den Mehlbeutel aus dem Topf herausnehmen, kurz ausdampfen lassen, das Tuch öffnen und in 4 Portionen teilen.

Früchte

Die verschiedenen Beeren waschen und verlesen, mit Zitronensaft und etwas Puderzucker marinieren und etwa 5 bis 7 Minuten ziehen lassen, bis der Puderzucker sich aufgelöst hat.

Anrichten

Die marinierten Beerenfrüchte kreisförmig auf dem Teller verteilen und die Mehlbeutel oben auflegen.

Zubereitungstipp

Sie können auch 4 kleine Mehlbeutel zubereiten. Den Teig vor dem Garen in vier Portionen teilen und auf 4 Leinentücher verteilen. Die Garzeit verringert sich entsprechend.

Großer Hans – ein Rezept von meiner Mutter

Ein sehr beliebtes und schmackhaftes Rezept aus dem Norden, das in keiner Küche fehlen sollte. Voraussetzung ist die entsprechende Backform, die es in Haushalts-geschäften (manchmal auf dem Flohmarkt) über "Dr. Oetker" gibt. Ich selbst habe sie von meiner Mutter geerbt und sie kommt mindestens einmal im Jahr zum Einsatz.

Man nehme: 7–8 Brötchen, die am Abend vorher mit Milch eingeweicht werden, aber natürlich vorher in kleine Stücke ~~vorher~~ zerschnitten werden, damit die Milch das Brötchen besser aufweichen kann! Am Tag der Zubereitung die eingeweichten Brötchen mit 3/4 Pfund rohem Gries vermengen, dazu 125 g Fett, 1 Prise Salz, 4–5 Esslöffel Zucker, der Saft und die Schale geriebener Zitronen, 1/2 Pfund Rosinen und 5 Eier (Eigelb und Eiweiß trennen), vermengen. Der Eischnee wird am Schluß unter die gesamte Menge gehoben. Der gesamte Teig, der durch den Eischnee sehr locker ist, kommt in die sogenannte „große Hans-Form" und wird mit dem entsprechenden Deckel verschlossen.

Garzeit in einem Wasserbad ca. 2,5 Stunden.

Beilage: Schweinebacke und Stachelbeer-Sauce oder Kirschsauce, wobei die Stachelbeeren mit ihrer Säure für mich einen besseren Geschmackkontrast zur Süße des großen Hans haben!

Nun wünsche ich gutes Gelingen und einen großen Appetit!

Leserrezept

Das Rezept stammt von Marlis Rothenstein.

DA HAT MAN GERN EINEN KLOSS IM HALS

Großer Hans, Beutelkloß, Mehlbeutel, Mehlbüddel – dieses Gericht hat viele Namen. Und noch mehr Erscheinungsformen. Der Mehlkloß kann groß oder eher klein ausfallen, er wird mal mit und mal ohne Hefe zubereitet und meist mit Butter, einer Fruchtsauce oder mit Früchtekompott serviert, doch es finden sich auch typisch nordische Kombinationen mit Speck oder Schweinebacke und Früchten wie Kirschen. Manchmal wurde der Teig statt mit Milch mit Schweineblut angerührt und kräftig mit Kardamom und Nelken gewürzt, schreibt Jutta Kürtz in „Großer Hans liebt Schweinebacke“. Dann hieß er Schwarzer Mehlbeutel. Ein Bunter Mehlbeutel wiederum enthielt Rosinen und Korinthen oder Backobst und wurde früher nur an besonderen Festtagen gereicht.

Gemeinsam ist all diesen Varianten, dass der Teig in ein Tuch gehüllt im Topf über Salzwasser gedämpft wird. Die Ähnlichkeit zum früheren englischen Pudding ist nicht zufällig: Er ist ein Vorläufer des Mehlbeutels. Damit ist jedoch nicht die süße Milchspeise gemeint, die heute unter dem Namen bekannt ist. Der englische Pudding war ursprünglich eine herzhafte Masse aus Brot, Gemüse oder Fleisch, die in einem Leinentuch im kochenden Wasserbad gegart wurde. Ein solches Puddingtuch kannte man in England bereits Anfang des 17. Jahrhunderts, wohingegen die heute so beliebte Süßspeise erst im 19. Jahrhundert entstanden ist.

Aufgrund der engen Handelsbeziehungen von Hamburger und Bremer Kaufleuten zu England verbreitete sich der Mehlbeutel im späten 17. Jahrhundert zunächst im Norden, später in ganz Deutschland. An der Nordseeküste liebten ihn vor allem die Dithmarscher. Hier wurde er 1755 erstmals erwähnt als ein „aus Mehl zubereiteter Ball (‚Kloß‘), so groß wie eines Menschen Kopf“, heißt es in einer Quelle. Sie hielten ihm sogar noch die Treue, als er in anderen Gegenden Norddeutschlands langsam wieder verschwand. Noch heute gilt er als eine Art Nationalgericht, und jeder Dithmarscher hat natürlich sein eigenes, geheimes Rezept für den Traditionskloß.

Honig- und Pfefferkuchen gibt es schon seit dem Mittelalter. Damals wurde er in Klöstern gebacken, als Fastengebäck.

HAMBURGER PFEFFERNÜSSE

Für 60 Stück

4 Eier (à 50 g)
500 g brauner Zucker
1,5 g Hirschhornsalz
4 cl Kirschwasser
100 g Orangeat
2 g gemahlener schwarzer Pfeffer
1,3 g Ingwer, gemahlen
1,3 g Kardamon, gemahlen
1,3 g Muskatnuss
1,3 g Pimentkörner
0,5 g Anis
500 g Mehl

Glasur

100 g Puderzucker
30 ml Zitronensaft

Hamburger Pfeffernüsse

Die Eier und den braunen Zucker in einer Schüssel schaumig schlagen. Hirschhornsalz und Kirschwasser unterrühren.

Das Orangeat fein hacken. Die Gewürze und das Orangeat zu den Eiern geben und gut verrühren, dann das gesiebte Mehl vorsichtig unterheben. Den Teig 12 Stunden im Kühlschrank ruhen lassen.

Den Backofen auf 180 °C vorheizen. Aus dem Teig etwa 60 Kugeln mit 3 cm Durchmesser formen und auf ein mit Backpapier ausgelegtes Backblech setzen. Die Pfeffernüsse in den Ofen schieben (Mitte), dann die Temperatur auf 160 °C herunterdrehen und das Gebäck etwa 12 bis 15 Minuten backen. Herausnehmen und abkühlen lassen.

Glasur

Den Puderzucker mit dem Zitronensaft vermengen und vorsichtig erhitzen. Abkühlen lassen und die ebenfalls abgekühlten Pfeffernüsse mit der Glasur überziehen.

Zubereitungstipps

- Wenn Ihnen der Teig zu weich erscheint und die Kugeln flach werden, müssen Sie etwas mehr Mehl hinzufügen.
- Sie können die Hamburger Pfeffernüsse auch in verschiedenen Farben glacieren.

JETZT GIBT'S WAS AUF DIE PFEFFERNUSS

Braune Kuchen, Kemm'sche Kuchen und Pfeffernüsse bezeichnen alle lebkuchenartige Hartkekse, die traditionell auf einem Hamburger Adventsteller zu finden sind. Honig- und Pfefferkuchen gibt es schon seit dem Mittelalter. Damals wurde er in Klöstern gebacken, als Fastengebäck. Es war eine Art Gewürzbrot, das zunächst vermutlich nicht süß gewesen ist, denn Mönche aßen es zu Bier und Wein. Die süßeren Varianten sollen in Nonnenklöstern entstanden sein. Wer aber ursprünglich die Idee für ein solches Gebäck hatte, ist nicht überliefert. Lebkuchen tauchten an mehreren Orten auf, insbesondere in Städten entlang der Handelsroute für Gewürze, etwa in Nürnberg. „Das älteste deutschsprachige Rezept aus dem 16. Jahrhundert stammt von dort und nennt als Zutaten Zucker, Honig, Zimt, Muskat, Ingwer, Kardamom, Pfeffer und etwas Mehl", schreibt Rezeptforscherin Petra Foede in ihrem Blog. Ob wirklich Pfeffer, wie wir ihn heute kennen, darin enthalten war? Manchen Quellen zufolge soll Pfeffer ein Sammelbegriff für exotische Gewürze gewesen sein, aber wie heimisch sind Muskat, Kardamom, Zimt und Ingwer?

Mit der Zeit entstanden in mehreren Städten eigene Spezialitäten, auch in Hamburg. Hier war es der Braune Kuchen, der manchmal auch Kemm'scher Kuchen genannt wurde. Ob es dasselbe war, ist jedoch fraglich. Zwar erklärte die Firma Kemm zu ihrem 225-jährigen Bestehen 2007, dass der Kemm'sche Kuchen seit 1782 im Unternehmen gefertigt wird. Schon 1769, als Altona noch dänisch war, sei die Familie in Stadtarchiven als ansässige Konditoren und Bäcker erwähnt worden. Lebkuchen sei im Norden zwar bekannt, wegen der langen Transportwege aus dem Süden aber nicht verfügbar gewesen, schrieb das Unternehmen, da er nicht so lange haltbar war. Also habe man experimentiert. Zunächst seien doppelt gebrannte Lebkuchen entstanden, einem Zwieback ähnlich, aber anfangs zu dick, zu hart und schwer essbar. Daraus hätten sich dann der Braune und der Kemm'sche Kuchen entwickelt.

Offenbar handelt es sich also nicht um dasselbe Gebäck. Petra Foede zufolge nannte man in Norddeutschland alle dunklen Lebkuchen Braune Kuchen. Jede Hausfrau hatte ihr eigenes Rezept. Außerdem durften Bäcker sie gar nicht backen. So steht es jedenfalls in dem Buch „Ansichten der Freien Hansestadt Hamburg" von Karl Johann Heinrich Hübbe aus dem Jahr 1824: „Das Backen der Honigkuchen, hier braune Kuchen genannt, ist ein Vorrecht des Krämeramts und nur dem Bäcker erlaubt, welcher die Tochter eines Krämers geheiratet hat." Wen die Söhne der Familie Kemm, sofern es sie gab, geehelicht haben und wann die für Pfeffernüsse typische weiße Glasur auf den Hartkeksen landete, bleibt ein süßes Geheimnis.

Üblicherweise hat das Gebäck eine längliche Form und wird anders als der Stollen nicht mit Butter bestrichen und mit Zucker bestreut.

BREMER KLABEN

NACH EINER HAMBURGER SOMMERNACHTIDEE

Nüsse und Früchte

700 g Rosinen
100 g Orangeat
100 g Zitronat
50 g Rum
100 g geschälte Mandeln

Vorteig

350 g Mehl
50 g Hefe

Hauptteig

500 g Mehl (Typ 550)
100 g Zucker
10 g Salz
250 g Butter
2 Eier (à ca. 50 g)
1/2 Teelöffel gemahlener Kardamon

Vorbereitung

Die Früchte 2 bis 3 Tage vorher in Rum einweichen. Die Mandeln grob hacken, in einer Pfanne rösten und abkühlen lassen.

Vorteig

Hefe in 175 ml lauwarmem Wasser auflösen, dann das Mehl einarbeiten und gut verkneten. Den Vorteig bei maximal 22 bis 24 °C etwa 1 bis 2 Stunden gehen lassen.

Hauptteig

Die Zutaten für den Hauptteig in einer Schüssel vermengen. Vor- und Hauptteig gut miteinander verrühren. Die eingelegten Früchte und Mandeln einarbeiten und die Masse kneten, bis ein glatter Hefeteig entstanden ist.

Den Teig teilen, zu zwei Kugeln formen und etwa 30 bis 40 Minuten kalt stellen. Den Backofen auf 200 °C vorheizen. Die beiden Kugeln zu Rollen formen, auf ein mit Backpapier ausgelegtes Backblech legen und in den Ofen schieben (Mitte). Nach 5 Minuten die Temperatur auf 170 °C verringern und den Teig etwa 35 bis 45 Minuten backen. Die Kerntemperatur des Klaben sollte bei 86 bis 88 °C liegen. Sobald diese erreicht ist, den Klaben herausnehmen und abkühlen lassen.

Den Klaben abgedeckt 4 Tage ruhen lassen, dann zum Lagern in Alufolie wickeln und kühl stellen.

Zubereitungstipps

- Dieses Rezept entstand mithilfe des Hamburger Konditors Adolf Andersen. Er verwendet für seinen Klaben nur Rosinen, Heinz O. Wehmann nimmt 350 g Rosinen und 350 g Korinthen.

  Andersen Chocolatier Conditor GmbH
  Wandsbeker Marktstr. 153
  22041 Hamburg

- Achten Sie darauf, dass der Teig während der gesamten Verarbeitungzeit eine Temperatur von 24 °C nicht überschreitet. Die Zeit und die Temperatur sind für das Gelingen des Bremer Klabens ausschlaggebend.
- Je länger der Klaben ruht, desto schmackhafter wird er. Nach drei bis vier Wochen sollten Sie ihn jedoch verzehrt haben.

HIER KANN SICH JEDER DIE ROSINEN RAUSPICKEN

Während die meisten einen Stollen traditionell zur Weihnachtszeit essen, genießen die Bremer ein ähnliches Gebäck das gesamte Jahr über. Ihre Spezialität, der Bremer Klaben, ist wie der Stollen ein schwerer Hefeteig mit Rosinen, Korinthen, Zitronat und Orangeat, Mandeln und Rum. Die Rezepte variieren, und das nicht nur von Bäcker zu Bäcker, von denen viele behaupten, sie würden nach Originalrezept backen, sondern auch von Jahreszeit zu Jahreszeit: In der Winterzeit ist das Früchtebrot üppiger als etwa im Frühjahr oder im Sommer.

Die Tradition des Klabens reicht einige Jahrhunderte zurück. Schon 1592 hat es in Bremen einen Klabenbäcker gegeben, der sein Gewerbe offenbar trotz des Protestes anderer Bäcker ausüben durfte, berichtet eine Quelle von 1915. Da Bremen seit dem 14. Jahrhundert Mitglied der Hanse war, hatte die Stadt Zugang zu den benötigten Zutaten.

Die Bäcker fertigen den Klaben meist auf Vorrat zu: Wenn sie ihn im Dezember zubereiten, hält er bei richtiger Lagerung bis zu drei Monate lang, manchmal fast bis Ostern.

Grütze war über Jahrhunderte das Hauptnahrungsmittel der ländlichen Bevölkerung, wenig abwechslungsreich, aber preiswert und nahrhaft.

ROTE GRÜTZE

Rote Grütze

600 g gemischte Beeren (rote und schwarze Johannisbeeren sowie Himbeeren)

1 cl Haide Küsschen

2,5 Blatt Gelatine

1/8 Biozitrone (Saft und Schale)

1/8 Tahiti-Vanilleschote

250 ml trockener Weißwein oder Wasser

120 g Zucker

20 g Weizenstärke

Etwas kalter Johannisbeersaft (oder Wasser)

Vanillesauce

1/2 Vanilleschote

5 Eier

250 ml Milch

120 ml Sahne

100 g Zucker

Rote Grütze

Die Beeren waschen, trocken tupfen und verlesen, gegebenenfalls putzen. Für die Einlage 400 g der Früchte mit dem Likör marinieren. Die Gelatineblätter in kaltem Wasser einweichen lassen. Die Schale der Zitrone abschneiden, die Frucht auspressen. Das Mark der Vanille auskratzen.

Die übrigen Früchte in einem Topf zusammen mit Wein oder Wasser, Zucker, Zitronensaft und -schale, Vanillemark und -schote aufkochen lassen. Die Zitronenschale und die Vanilleschote entfernen, alles im Mixer pürieren und durch ein feines Sieb streichen. Die Speisestärke mit etwas kaltem Früchtesaft oder Wasser glatt rühren. Die passierten Beeren aufkochen und mit der Speisestärke binden. Die Gelatine gut ausdrücken und in den warmen Saft rühren, bis sie sich aufgelöst hat.

Die gebundene Grütze etwas abkühlen lassen, über die marinierten Früchte gießen und sehr vorsichtig miteinander vermengen, damit die Beeren nicht zerdrückt werden.

Vanillesauce

Die Vanilleschote halbieren und auskratzen. Eigelbe und Eiweiße trennen. Die Milch und die Sahne in einem Topf mit Zucker, Vanillestange und -mark aufkochen. Die Eigelbe in eine Schüssel geben, die heiße Sahne durch ein feines Sieb nach und nach vorsichtig mit den Eigelben vermengen, damit diese nicht gerinnen. Wenn die Masse eine Temperatur von 80 °C erreicht hat, ist sie abgebunden. Bis zum Servieren kalt stellen.

Anrichten

Die Rote Grütze auf Teller verteilen, mit flüssiger Sahne oder Vanillesauce servieren.

Zubereitungstipps

- Sie können die Zuckermenge erhöhen, wenn die Früchte sehr sauer sind.
- Interessant ist auch eine grüne oder eine gelbe Grütze. Für die grüne Grütze nehmen Sie grüne Stachelbeeren, Kiwis und Ananas, die gelbe Grütze besteht aus Pfirsichen, gelben Stachelbeeren, Ananas oder Bananen. Für feste Früchte brauchen Sie etwas mehr Flüssigkeit, und auch den Likör sollten Sie ersetzen, etwa durch Pfirsich- oder Stachelbeerlikör.
- Anstelle der Vanillesauce können Sie auch einfach flüssige Sahne nehmen. Oder Sie servieren Ihren Gästen eine besondere Beilage: Helbing-Kümmel-Sahne. Die peppt den Klassiker geschmacklich auf. Dafür eine halbe Zitrone auspressen, mit 200 ml Sahne, 50 ml Milch, 45 ml Helbing Kümmel (Schnaps) und 35 g Gelierzucker zum kalten Gelieren verrühren und in eine ISI Whip geben, durchschütteln, 30 Minuten kalt stellen und die Kümmelsahne portionsweise aufsprühen. Sie können die Sahne auch mit einem Mixer aufschlagen und die Rote Grütze damit garnieren.

Einkaufstipps

- Klassischerweise gehören in die rote Grütze rote und schwarze Johannisbeeren sowie Himbeeren. Sie können die Beeren aber auch saisonal nach Wunsch variieren oder auf tiefgekühlte Früchte zurückgreifen.
- Alternativ zum Haideküsschen können Sie auch Crème de Cassis (Likör von schwarzen Johannisbeeren) nehmen. Und wenn Kinder mitessen, ersetzen Sie den Likör einfach durch Grenadine- oder Johannisbeersirup.

DIE BEEREN SIND LOS

Die typischste Süßspeise des Nordens hat schon viele Gemüter erhitzt: Was in die „echte“ Rote Grütze hineingehört und ob Vanillesauce als Beilage erlaubt ist. Dabei kennt niemand das Originalrezept. Wie auch? Es gibt keins.

Je nach Region schmeckt die Rote Grütze anders: Manche bereiten sie nur mit Himbeeren und Johannisbeeren zu, andere geben auch Kirschen oder Erdbeeren hinein. Hamburger binden sie mit Speisestärke, die Schleswig-Holsteiner nehmen dafür Puddingpulver, in anderen Regionen sind auch Sago, Grieß oder Reismehl gebräuchlich. Der Erfinder der Roten Grütze ist unbekannt. Sicher ist nur, dass sie vor allem in der plattdeutschen Küstenregion auf den Tisch kam – auch die Dänen zählen die „Røde Grød“ zu ihren Nationalgerichten. Ursprünglich war Grütze gar kein Früchte-, sondern ein Getreidebrei, der mit Wasser, Milch oder Brühe aufgekocht wurde. Über Jahrhunderte war dies das Hauptnahrungsmittel der ländlichen Bevölkerung, wenig abwechslungsreich, aber preiswert und nahrhaft. Irgendwann wird irgendjemand roten Beerensaft hinzugefügt haben. Um 1800 tauchte die „Roode Grütt“ erstmals in einem holsteinischen Wörterbuch auf, beschrieben als Grütze, die „in Johannisbeersaft dick gekocht und mit Milch oder Rahm“ gegessen wurde. Schon in den späteren Kochbüchern des 19. Jahrhunderts aber wichen die Rezepte voneinander ab, und in manchen wurde aus Saft auch Wein – fein.

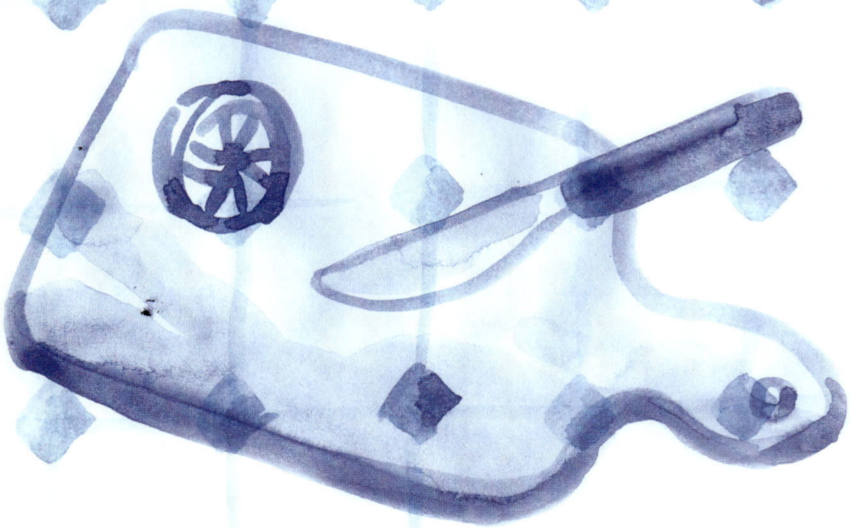

GRUNDREZEPTE

und so ward dat mookt

FISCHFOND

Für ca. 1,2 l

3 kg Fischkarkassen (nur weiße Gräten, keine Köpfe)
80 g Knollensellerie
80 g Lauch, nur weißer Teil
100 g Fenchel
120 g Zwiebeln
7 Knoblauchzehen
180 g Traubenkernöl
3 Lorbeerblätter
5 Nelken
10 weiße Pfefferkörner
10 g frisches Fenchelkraut
500 ml trockener Weißwein

Die Fischkarkassen in walnussgroße Stücke schneiden und in kaltes Wasser legen. Das Gemüse waschen und putzen oder schälen und abtropfen lassen. Das Gemüse in 1 x 1 cm große Würfel schneiden. Den Knoblauch schälen und in Scheiben schneiden.

Das Traubenkernöl in einem schmalen, mittelhohen Topf erhitzen. Darin das Gemüse nur anschwitzen, es soll keine Farbe annehmen. Den Knoblauch, die Kräuter und Gewürze zugeben und kurz mit anschwitzen. Alles mit Weißwein ablöschen und diesen fast vollständig verdunsten lassen.

Die gut abgetropften Fischgräten dazugeben, mit etwa 2 l Wasser kaltem Wasser auffüllen und aufkochen lassen. Schaum und Fett mit einer Kelle abschöpfen, danach etwas salzen und 20 Minuten bei ca. 90 °C ziehen lassen. Den Fond zum Schluss durch ein Passiertuch oder sehr feines Sieb (Haarsieb) abgießen. Wenn er nicht sofort benötigt wird, in verschließbare Gläser füllen, abkühlen lassen, in den Kühlschrank stellen und innerhalb von 3 Tagen aufbrauchen. Der Fischfond lässt sich auch einfrieren, zum Beispiel portionsweise in Gefrierbeuteln, und ist dann 3 Monate haltbar. Er eignet sich für Fischsuppen, Muschelsuppen, für die weiße Fischsauce und andere Gerichte mit Fisch oder Meeresfrüchten.

Zubereitungstipps

- Während bei anderen Fonds erst die Knochen und dann die Gemüsestücke angedünstet werden, ist es hier umgekehrt: Erst das Gemüse, dann die Fischgräten anbraten. Das Gemüse braucht länger zum Garen als die Fischgräten. Nehmen Sie nur helle Gemüsesorten, damit der Fond möglichst hell wird.
- Kochen Sie den Fond mit so wenig Wasser wie nötig auf, damit er nicht zu dünn wird. Wichtig ist das gründliche Abschöpfen von Schaum und Fett.

Einkaufstipp

Kaufen Sie die Fischkarkassen unbedingt bei einem Fachhändler Ihres Vertrauens. Bestellen Sie diese, wenn nötig, einige Zeit im Voraus.

GEFLÜGELFOND

Für 2 l

2,5 kg Suppenhuhn oder Poulardenteile

300 g Suppengrün (Zwiebel, Möhren, Sellerie, Lauch)

15 g Salz pro Liter Wasser

20 g Petersilienstängel

5 Lorbeerblätter

10 weiße Pfefferkörner

Salz und weißer Pfeffer aus der Mühle

Vom Schlachter die Keulen und Brüste vom Suppenhuhn auslösen lassen. Das Suppengemüse waschen, putzen und in grobe Stücke schneiden. Die Geflügelteile gründlich waschen und mit etwa 2,5 l kaltem Wasser in einem hohen, schlanken Topf aufsetzen und aufkochen lassen. Den Schaum und das sich oben absetzende Fett mit einer Kelle abschöpfen. Erst danach salzen. Das klein geschnittene Suppengemüse, die Petersilienstängel und die Gewürze nach 1,5 Stunden zugeben und abgedeckt eine weitere Stunde bei knapp 90 °C köcheln lassen, zwischendurch den Fond immer wieder abschäumen und entfetten. Zum Schluss den Fond durch ein Passiertuch oder ein Haarsieb geben und nochmals mit Salz und Pfeffer abschmecken.

Ein Geflügelfond ist die Basis vieler Suppen, Saucen und Ragouts. Wenn er nicht sofort benötigt wird, in verschließbare Gläser füllen, abkühlen lassen, im Kühlschrank aufbewahren und innerhalb von 3 Tagen verbrauchen. Er lässt sich auch portionsweise einfrieren. Dann ist er gut 3 Monate haltbar.

Zubereitungstipps

- Wenn Sie Poulardenteile verwenden, müssen Sie beachten, dass diese eher gar sind als ein Suppenhuhn: Poulardenkeulen brauchen nur etwa eine Stunde. Sie können sie herausnehmen, das Fleisch vom Knochen lösen und für ein anderes Gericht, etwa für einen Geflügelsalat, verwenden. Die Knochen wieder in die Brühe geben und weitergaren.
- Wichtig ist, dass Sie den Fond mit Deckel garen, um den Flüssigkeitsverlust so gering wie möglich zu halten. Bei Bedarf Wasser nachgießen.

Einkaufstipp

Wenn Sie keine ganzen Geflügelstücke verwenden möchten, können Sie bei einem guten Händler auch Karkassen und Hähnchenklein bestellen.

WILDRAHMSAUCE

Für 800 ml

3 kg Wildknochen, in walnussgroße Stücke gehackt
300 g Speckabschnitte
120 g Möhren
120 g Sellerie
120 g Lauch
120 g Zwiebeln
120 ml Traubenkernöl
15 Wacholderbeeren
6 g Rosmarinzweige
8 Lorbeerblätter
20 schwarze Pfefferkörner
1 l trockener Weißwein
40 g Tomatenmark, zweifach konzentriert
500 ml Sahne
1 kleine Zitrone
Salz und weißer Pfeffer aus der Mühle

Die Wildknochen einige Minuten in kochend heißes Wasser geben und abtropfen lassen. Die Speckabschnitte in grobe Stücke schneiden. Möhren, Sellerie und Lauch waschen und abtropfen lassen, putzen oder schälen. Das Gemüse in 1,5 x 1,5 cm große Würfel schneiden.

Den Backofen auf 220 °C vorheizen. Die blanchierten Wildknochen und die Speckstücke auf ein gefettetes Backblech legen und im Ofen auf mittlerer Schiene etwa 20 Minuten rösten, sodass sie Farbe annehmen. In einem schlanken, hohen Topf Traubenkernöl erhitzen und die Gemüsewürfel darin anrösten. Wenn das Gemüse etwas Farbe angenommen hat, die Kräuter und Gewürze dazugeben und kurz mitrösten. Alles mit dem Weißwein ablöschen und diesen fast vollständig verdunsten lassen. Das Tomatenmark unterrühren, die gerösteten Wildknochen und den Speck hinzugeben. Mit etwa mindestens 2 l Wasser auffüllen – oder mit so viel, dass alles gut bedeckt ist. Aufkochen lassen und zwischendurch immer wieder mit einer Kelle Schaum und Fett abschöpfen. Den Fond abgedeckt etwa 4 bis 5 Stunden am Siedepunkt garen.

Diesen Fond dann durch ein sehr feines Sieb gießen, erneut erhitzen und auf 300 ml reduzieren lassen. 100 ml der Sahne steif schlagen. Die übrige Sahne in den Fond rühren und köcheln lassen, bis eine etwas cremigere Konsistenz erreicht ist. Mit Salz, Pfeffer und etwas Zitronensaft abschmecken. Vor dem Servieren die Sauce mit einem Stabmixer aufschäumen und die geschlagene Sahne unterheben.

Zubereitungstipps

- Wer die Sauce etwas cremiger möchte, kann sie mit Weizenstärke etwas abbinden.
- Wenn aus dem Fond keine Rahmsauce entstehen soll, röstet man das Tomatenmark mit an, um eine dunklere Farbe zu erhalten. Statt Weißwein können Sie auch Rotwein nehmen.

Einkaufstipp

Für einen Fond brauchen Sie nicht unbedingt die besten Speckstücke. Fragen Sie Ihren Schlachter nach Abschnitten und Resten.

KALBSJUS

Für 600 ml

3 kg Kalbsknochen, in walnussgroße Stücke gehackt
120 g Möhren
120 g Sellerie
120 g Lauch
120 g Zwiebeln
6 Knoblauchzehen
150 ml Traubenkernöl
25 g Tomatenmark
10 Pimentkörner
8 Lorbeerblätter
8 schwarze Pfefferkörner
6 g Thymianzweige
25 g Petersilienstiele
140 ml trockener Rotwein

Die Kalbsknochen gründlich waschen und abtropfen lassen. Möhren, Sellerie, Lauch, Zwiebeln und Knoblauch nach Bedarf waschen, putzen oder schälen und in etwa 1,5 x 1,5 cm große Würfel schneiden.

Den Backofen auf 220 °C vorheizen. Die Kalbsknochen auf ein gefettetes Backblech geben und im Ofen etwa 20 Minuten kräftig anrösten. Das Öl in einem Schmortopf erhitzen, das Gemüse darin ebenfalls anrösten und Farbe annehmen lassen. Die Knochen, das Tomatenmark, die Gewürze und die Kräuter zugeben, anschließend mehrmals mit dem Rotwein ablöschen und jeweils die Flüssigkeit fast vollständig einkochen lassen.

Das Ganze mit 3 l Wasser auffüllen, aufkochen lassen und immer wieder mit einer Kelle Schaum und Fett abschöpfen. Das Ganze abgedeckt etwa 7 bis 8 Stunden bei ca. 90 °C köcheln lassen. Durch ein Passiertuch oder ein Sieb, das mit einem feuchten Baumwolltuch ausgekleidet ist, gießen, erneut erhitzen und auf 600 ml reduzieren. In ein verschließbares Glas füllen und im Kühlschrank aufbewahren, wenn die Jus nicht sofort weiterverwertet wird. So ist sie etwa 3 Tage haltbar. Wenn sie sirupartig eingekocht und kühl gelagert wird, hält sie bis zu 14 Tage. Sie eignet sich ansonsten auch zum Einfrieren und ist dann etwa 3 Monate haltbar.

Kalbsjus kann zu weiteren Saucen, etwa einer Rahmsauce, Pfeffersauce oder Portweinsauce, weiterverarbeitet werden und schmeckt zu Gerichten mit Kalb oder Rind.

Zubereitungstipps

- Beim mehrfachem Ablöschen – Köche nennen das Deglacieren – erhöht sich die Menge der Geschmack gebenden Röststoffe. Die Sauce schmeckt dadurch intensiver. Damit lässt sich auch die Farbe der Grundjus bestimmen.
- Da der Arbeitsablauf für einen Kalbsfond immer einige Zeit in Anspruch nimmt, ist es ratsam, eine größere Menge zu kochen.

Einkaufstipp

Falls Sie beim Schlachter keine Kalbsknochen bekommen, können Sie auch Rinderknochen oder flache Rippenreste verwenden.

WEISSE FISCHSAUCE

Für 800 ml

2–3 Schalotten (90 g)
2 Zitronen
90 g Butter
300 ml trockener Weißwein
900 ml Fischfond (siehe Seite 212)
600 g Crème double
Salz
etwas Cayennepfeffer
100 ml Sahne, steif geschlagen

Die Schalotten schälen und in feine Würfel schneiden. Die Zitronen auspressen. Die Butter in einem kleinen Topf erhitzen, die Schalottenwürfel darin leicht anschwitzen. Mit dem Weißwein ablöschen und diesen fast vollständig reduzieren lassen. Den Fischfond zugeben und ebenfalls sirupartig einkochen lassen. Die Crème double zugeben und aufkochen lassen. Anschließend die Fischgrundsauce mit dem Salz, Cayennepfeffer und Zitronensaft abschmecken. Die Fischsauce mit dem Stabmixer aufschlagen und durch ein feines Spitzsieb abgießen.

Kurz vor dem Servieren die weiße Fischsauce erhitzen, nochmals mit dem Stabmixer aufschäumen und mit der steif geschlagenen Sahne marmorieren.

Die weiße Fischsauce passt zu gebratenem und gedämpftem Fisch und kann mit Kräutern oder Safran abgewandelt werden. Sie eignet sich auch zum Einfrieren und ist dann 3 Monate haltbar. Nach dem Auftauen nur erhitzen und mit dem Stabmixer aufschäumen.

Zubereitungstipp

Entscheidend ist, dass der Fischfond als Basis möglichst klar ist. Der lässt sich besser reduzieren. Ein trüber Fond wird schneller cremig und setzt schneller an – noch bevor er sirupartig wird. Seien Sie daher wachsam beim Einkochen.

Einkaufstipp

Kaufen Sie unbedingt Crème double mit mindestens 42 Prozent Fett. Wenn Sie nur normale Sahne mit 28 Prozent Fett bekommen, können Sie etwas mehr nehmen und diese reduzieren. Das Problem ist: Je länger die Sahne kocht, desto mehr Kochgeschmack bekommt sie. Sie können auch normale Sahne in der gleichen Menge wie Crème double nehmen und die Sauce mit etwas Weizenstärke leicht abbinden.

Die Gebäudeversteher

Bausachverständige heben die Qualität am Bau

Wenn es um Qualität am Bau geht, ist man bei der TÜV NORD Bauqualität sachverständig, neutral und unabhängig beraten.

Bausachverständige und Architekten begutachten Bauwerke mit dem Ziel der Mängelminimierung, geben Hinweise auf Verbesserungspotenziale bei der Bauausführung und zeigen Wege bei notwendigen Sanierungen.

Beratung, Baubegleitung und Begutachtung bei den Bausachverständigen des TÜV NORD erhält man Qualität am Bau. Aufgrund ihrer vielfältigen Erfahrung kennen die Fachleute viele Probleme am Bau, ob es Einfamilienhäuser oder aber Büro- oder Sondergebäude sind.

Auch wenn es um die Energieberatung geht, sind die Bausachverständigen des TÜV NORD eine gute Wahl. Gerade hier ist es sinnvoll vom Sachverstand der Fachleute zu profitieren. Durch gezielte Maßnahmen sorgen sie dafür, dass die eingesetzten Mittel möglichst effektiv den Bedürfnissen des Eigentümers dienen und nicht unnötig verpulvert werden.

TÜV NORD Bauqualität GmbH & Co. KG
Große Bahnstraße 31
22525 Hamburg
www.tuev-nord.de/bauqualitaet

Tel.: 040/8557-2564
Fax: 040/8557-2538
email bau@tuev-nord.de

IMPRESSUM

HERAUSGEBER Claus Strunz

KONZEPTION UND REDAKTIONELLE LEITUNG Yvonne Weiß
CHEFKOCH Heinz O. Wehmann/Landhaus Scherrer
REDAKTION Sonja Popovic (Ernährungsexpertin), Ina-Maria Niessler, Julian Wehmann
PROJEKTVERANTWORTUNG Jan H. Groß (Leitung), Elena Riebschläger, Olaf Schulz

LEKTORAT Gabriele Schönig, Andrea Wolf
ANZEIGEN Dirk Seidel (Leitung), Sabine Lamping
MARKETING Vivian Hecker
VERLAGSGESCHÄFTSFÜHRUNG Jan Bayer, Frank Mahlberg

GESTALTUNG formlabor, Hamburg
TITELBILD plainpicture/Elsa
FOTOS Bertold Fabricius
STYLING Karin Siebecke
ILLUSTRATIONEN Kerstin Schürmann

GESAMTHERSTELLUNG Print- und Medienproduktion HH
Printed in Germany

1. Auflage 2010

www.abendblatt.de

ISBN 978-3-939716-39-6